粋と美学とダンディズム

シニア世代におくる「麗しい」生き方

青木匡光

22世紀アート

はじめにかえて　自分の人生に彩りを

シニア世代、心のあり方の切り換えスイッチを入れて、生き生き人生を楽しむゆとり感覚を身につける必要がある。これからは自分流の生きざまにこだわって何かの役に立てばよいのだから、もっと気楽に、もっと力を抜いて生きてみるように心がけたい。野暮ではなく、粋で「つやのある人生」を目指したい。

「アンチエイジング」ということばがあるが、私は帯津良一医師（日本ホリスティック医学協会名誉会長）が提唱する「ナイスエイジング」だと思う。アンチエイジングは死ぬことに対して一所懸命抵抗するアンチ、ナイスエイジングであれば、どうせ死ぬので生きているうちはかっこよく、いい生き方をしようじゃないかと実践している。ちょっと切り口や心のあり方が変わることによって元気さが違ってくる。だから、キーワードというか、ことばの杖がものすごく大事だと思っている。これまで充分役割を果たしてきたと思うし、生涯現役なんて言わないで、むしろこれから自分のために癒しの時を過ごしていこうと思う。

私の生活哲学として、まず「麗老」がある。麗しく老いるという美学だ。要するに「ダンディーにかっこよく生きよう」「野暮には生きたくない」、つまり粋に生きたいという気持ちがある。

次に「Never too late＝始めるのに遅すぎることは何もない」、自分の心に思いついたことをすぐに実行する。

３つ目が「ing＝進行形」、前向き。「ただ長生き」するのは勿体ないから自分の宿題を持って、それに向かって進んで行こうという気持ちが非常に強かった。

そこの底流にあるのは森繁久彌さんの役者哲学だ。ある雑誌で森繁さんが「役者には定年がない。20代30代の元気のいい時期は、主役として華やかにやっていく。40代50代になってピークが落ちてきたら脇役として活躍する。60代70代になると通行人A、Bでもその人なりの存在感ある役割を果たせる。だから定年がない」と言っていた。そうか、年齢相応にやるべきことがあるんだ。それを自分なりに絵にしていけばいいではないか。これからの生き方として自分の置かれた状況に対応して生きるということを、自分はやっていければいいということだ。

青木匡光

新著『シニア時代は不良長寿で』出版のご挨拶

このたび大阪で心豊かにする良書を数多く刊行する出版社社長であり、40数年来敬愛するあんがいおまるさん（プロフィールご参照）が私の人生フィナーレを飾るにふさわしい素敵な本を制作されましたのでお届けいたします。

シルバー時代を自分らしくしなやかに生き抜くための生活技術を、感性豊かな才人であるおまるさんがみずから〝アオキ語録〟より選び出されて見事にまとめあげてくださいました。本書は具体的で読み易く大変励まされますので、ぜひ座右に置かれて楽しく実践していただければ幸いに存じます。

なお、ヒューマンハーバーでは永年にわたり皆さんより執筆・講演などで私に出番を与えご支援いただきましたが、昨年閉港の今日においても変わらぬご厚情に接することができて心から感謝いたしております。まことにありがとうございました。

令和2年9月吉日

青木匡光

目　次

粋＝生き　その１　やってみる

可能性とは　そのありかを見つけるには

思い立ったときが
立つとき
何も始めなければ
何も変わらない

「可能性」このまま生きてはもったいない

「どんとこい百歳」をめざして生き抜くために、自分の生き方の軸を変えてみる――ここに可能性がある。

まずは「このまま生きては自分がもったいない」と思うことで活力がでてくる。これからは一人では生きにくいので〝ヒト貧乏〟しないようにいい人探しをすることだ。

そこで、一度しかない自分の人生を実りある人々と心豊かに過ごすための知恵はないものだろうか。まずはあなたらしく生きていくには、よき仲間を数多く知り、人生をその仲間たちと共に歩くことが必要である。

ここでいうよき仲間とは、郷愁に浸り過去に生きる人間ではない。常に明日を語り、あなたとともに一歩でも前へ進もうと意欲を燃やす人たちのことである。こうした心強い味方があなたの身近に常に実在する「人間財産」なのである。この「人間財産」を豊かに築き上げるために、これまでの消極的な人間関係のあり方から脱皮して、いま一歩踏み込んだ人づきあいの旅に出る勇気を奮い起こしてみることで、あなたの人生におけるありかを見つけられるのだ。

人づきあいの旅に出るには手初めに、あなたの潜在能力（残存能力）を顕在化させていって、人を惹きつける魅力的な個性を育成することである。

本来、会社勤めは自分の能力の一部何割かでできるものだ。会社にはマニュアルや社内ルール、不文律があり、これらでひと通り仕事ができるようになっている。従って、残りの能力を何十年も使わないでおくと、その未使用能力が退化して、活用していた何割かの能力がすべてとなってしまう。そんなことで残存能力の活用を心がけることが必要だ。つまり、自立するための「心の花」のタネまきをできるだけ早い時期にやっておくとよいのである。

「心の花」とは定年後に自立するための次の一手であって、タネは10年経てば結実して、人生の本業といえるものが身についていく。そうなれば人生を主体的に生き抜く心の支えとなるだろう。

植物の花は時の流れとともにしおれて枯れてしまうが、人が、育む「心の花」はみずから仕掛けて演出工夫することで、その人の生ある限り咲かせつづけられる。そのタネは、童心に返れば誰もが得られるものだ。

童心とは「里に立つ心」と解いて、心の故郷に還ることをいう。若い頃に夢中になれたもの、長い間心の奥底で眠らせておいたものなどを、あらためて掘り出して再燃させるのである。

シニア人生を思いやるようになったらすぐ、このような「人生の本業」を育み、そうすることで、次なる人生舞台へのソフトランディング（軟着陸）がたやすくなるし、自分のペースで生き生きと生涯現役を全うできよう。

また「次の一手」として、ボランティアやカウンセラーなど、あなたなりの社会参加もできて、会社人間から社会人間へと脱皮していくのによい成長剤になることだろう。すでにビジネス社会を卒業していても、もちろん「今」からのスタートでも充分だ。あなたの残存能力を目覚めさせるには遅すぎるということばはない。むしろ「心の花」を、咲かせるには充分な時間があるといえるだろう。力まずに楽しんでやるのがコツである。

みずから求めて「異質」に触れる

人を惹きつけていくには、「人がよい」「やさしい」といった性格上の長所があるのも大事だが、それだけでは人間として物足りなく思われる時期がやってくるものだ。ひたむきに自分らしい生き方を求めて、次から次に新しいテーマに挑戦している人、つまり会えば必ず何らかの刺激を与えてくれる人はいつも輝いていて、周囲を飽きさせない。

要するに、みずからの人生に取り組む姿勢が、自身の人間的評価を決めていくのである。挑戦するマインドを忘れた人間なんて、存在意識をみずから否定して生きているようなものである。どんな小さなものであってもよいから、目標を立てたらそこに向かって歩き出すという行動力を身につけることだ。

挑戦とは、勇気ある行動の積み重ねである。小さなギャップを飛躍していくうちにリズム感を身につけ、数多くの未知なるものにささやかな挑戦を重ねながら、次第に大きなものへの挑戦が可能となる状態にもっていく。

実際、人間が事態に即応できるキャパシティ（適応能力）は、かなり大きくて広い。このキャパシティを自覚していれば、問題に直面したとしても、「これしか方法が考えられない」という消極的な対応ではなく、「どこかに突破口があるはずだ」と、すでに身についた知恵と体験を総動員して、問題解決への方法がひねりだせる。結果、ふだんはめったに思いつかないアイディアや企画が生まれてきたりするものだ。異質なものに触れたとき、いつもは眠っている機能が触発されて動き出すような、そんなスタンバイ（即応態勢）の状態、待機の構えをつくっておくことが肝心である。

もちろん、覗いてみただけではそれが自分にとってプラスになるものかどうか、判断はつかない。だが結果がどうなろうと、異質性を感じられるものに誘われたら、とにかく出かけてみるというクセをつけてしまうのだ。雑誌情報でもいい。チンドン屋のラッパの音曲でもいい。異質なものへのアプローチを試みると、これまで気づかなかった自分の側面を意識させられ、それが刺激剤となって、これまでにない新しいアイディアや企画を考えつくこともある。

現在の殻から抜け出して飛躍しようと思うならば、「つきあいのよい人」というイメージは、売りである。当然ながらあちこちからオファーがかかると、かなりの時間が奪われてしまうが、このジレンマをどうやり繰りしていくかを考えることが楽しみになってくる。

一日のなかで、どの時間帯に人と会うかを意識して、あなたが集中的に時間を使えるタイミングを活用していく。もちろん相手の都合の場合もあるだろうが、特に決まった会合でもないかぎり、「○日の×時頃はご都合いかがですか」という具合に、なるべくこちらのペースに相手を巻き込んでいくことも、人と出会う生活技術のひとつである。

シニア時代はまず
〝マチに出よう〟をモットーにしよう
現場に出て行き　目新しい事物
ヒトに触れ合っていこう

自分をルネサンスさせて

誰でも定年後人生にむけて、その準備の必要性を自覚させられ、重い腰を上げる気になれる時機がある。

ところが、数十年に及ぶこれからの人生を生き抜く人生設計を立てるには、構想があまりにも貧弱なケースが多い。ともすると、老後の財産運用をどう展開させていこうかと、預貯金や有価証券などの有形財産だけに目がいきがちである。生きているかぎり張りあいのある人生のスパイスとなるような、文化とか教養とか人間らしい生活を営むために、絶対不可欠な〝無形財産〟については、心を砕いていない人が多いようだ。

あなたはどうだろう。何となくその必要性は感じているものの、そのためにはどうするべきか、仕方がわからず、将来に漠然とした不安や焦りを感じたまま、日々をやり過ごしているのではないだろうか。ぬるま湯の受け身人生から一日も早く抜け出して、自分の意志で自立して人生を生き抜く必要がある。

このプロセスは、人間賛歌を謳《うた》ったルネサンス運動のありさまとよく似ている。14世紀イタリアで起こった、中世的束縛からの人間解放運動を「ルネサンス」と呼んでいるのは周知のとおりだが、この時代の詳しい意義については、歴史学者に委ねるとして、ここではダークエイジに支配的だった世界観・

人生観の足かせから脱して、個人の能力と欲望とを、自由に多彩に発揮した動きに注目してみたい。それはすなわち、新しい時代に向けて生き抜くための積極的な適応現象だった。

このルネサンスの特徴は、今日の企業社会における個人のあり方に多くの示唆を与えている気がしてならない。ずっと「会社人間」を絶対視してきたビジネスマンが、その束縛から解放されるためには、「自分を活かす」という能動的な意識変革が求められる。

そこに気づけば、新しい自分に生まれ変わるために、自身をルネサンス（再生）させて、さまざまな可能性を発見しようという「模索の道」への第一歩を踏み出すことができる。

「自分白書」をつくろう

現実の人生に対処していくためには、自分の基本的骨格をなすものが何であるのか、はっきりと把握しておく必要がある。そんなわが身を見直す一助として、「自分白書」をつくってみることをおすすめしたい。白書づくりをとおして、現状の自分を分析把握し、将来への展望を導き出していくのである。いわば「自分資産」の棚卸しをするのだ。自分資産には、マイホーム・預貯金・車などの有形財産と、文化とか教養とか人間らしい魅力といった無形財産とがあるが、有形財産については、今の世の中では高望みさえしなければ一応充足されていると考えられる。

問題は無形財産の中身だ。たとえばあなたの人となりのなかで、人にほめられた実績があるのはどういうところだろうか。これだけは人より得意だという自負、夢中になれそうなものは何か。あるいは、もし自分に名刺や肩書がなかったら他人はどのように評価するだろうか。

さまざまな角度から自分を見直し、広く同世代の人たちと比べながら認識していくとよい。このように、定型の履歴書には書き表すことのできない余白の部分を、これまでの体験から判断して、できるかぎり洗い出していただきたい。

そうして知りえた自分のセールスポイントを、どのように組みあわせていくかで、こうありたいとめざす人生目標がはっきりとしてくる。同時に、その目標に対して、今の時点で何を改善しなければならないかも浮き彫りになってくる。

この「自分白書」という人生の棚卸しをきちんとしておかないと、いくらきめ細かい人生キャリアプランを設計してみたところで、基本的出発点が曖昧《あいまい》なために、結局は計画倒れになってしまう。

さらに明白なのは、どれほど立派なプランであっても、その成果と見返りは、作成した人物の全体像に相応した形でしか与えられないということである。身の丈以上のプランを設定しても、人物の受け皿が小さければ、夢はこぼれ落ちるもののほうが多くなる。自分の骨格のサイズを知ってきちんと自分像を認め、すべてはそこからの始まりであることを意識してかかれば、大きくズレることはない。

自分の骨格がはっきりしていると、どの部分に栄養をつけて太く育てたらよいかわかるし、細かい目先の現象にとらわれてしまうこともなくなる。よくあるのは、何かのブームが起これば主体性なく追いかけ、振りまわされた挙句に、また次のブームに対応するといった便乗を繰り返して、ついには何をやっているのかわからない迷路に陥るばかりか、自分に残るものは何もないという悲劇だ。

人間、生まれ変わろうと思ったら、生け花の手法で調和の取れないエゴの枝葉をばっさりと切り捨てるのも必要である。自分がどれほど新鮮に生まれ変わったかを知るだろう。自分さえよければよいという感覚で、よろず自分に都合よく飾りたてるのが人間の業《ごう》であるが、自己革新をめざすためにはその虚飾を取り除く勇気が必要になる。

これが自分だ、これ以上何もないという原点がわかれば、あとはそこから出発していくのみである。見るもの聞くもの触れるものすべてが、自分にとって意義のある存在になっていく。結果、おのずと前向きに心機一転する。もし、逆境にぶち当たったとしても、それをはね返す復元力が身についてくる。ことを処するにあたって、近視眼的ではなく、広いビジョンで対応できるようになる。

自分を知れば、自己成長のためにいったい何を補い、誰を仲間にしていけばよいのか、その対象が鮮やかに見えてくる。そうなると、単に書物から抽象的な知識を吸収するだけでは飽き足らず、もっと具体的に異質な人間を求めて、人間性を豊かに深める意欲に燃えていく。

談　やはり、何かをやるときには、何かを捨てなきゃいけません。私の場合は、地位とかお金、名誉みたいなものを捨てることによって、自分の生き方の自由を買ったことになります。

人間には明日がある
生きている限り
明日が存在する

今日から明日に向かって話をしよう

人に好かれて、尊敬される人は、意欲人間だ。年をとっていくと、好奇心や胸の高まりが薄れて、何をするのもおっくうになっていく。

若い人は好奇心が旺盛で、将来への夢があり、何事にも意欲を燃やすことができるが、年をとるにつれて意欲がなくなっていく人が多い。こういう人は、人に会っても過去の懐かしい話しかしない。

だが、なかには、いくつになっても、意欲に燃えてみずみずしくイキイキと活動できる人もいる。いつまでも若くいるためには、好奇心と意欲を持つことにつきる。

いつも何かに燃えている人は、周りの人に快い刺激を与えてくれる。

だから、意欲のある人は、決して過去に生きたりはしない。今日から明日に向かっての話をしよう。

素晴らしい仲間と素晴らしい時間を

お互い顔の見える範囲の縁《えにし》にしたがってできる〝隣縁社会〟というようなものが、これからのトレンド（時代の風潮）になると思う。やはり相手の顔が見えて、互いに納得できる人間関係の集団があると、時折パーティでも開いて、楽しい、知恵のある話を交換する、そんな余裕のある時間の過ごし方ができたら素晴しい。いわば、〝時間リッチ〟の時代に、日本の社会もそろそろ入らないと……。

今や、物やお金だけの〝リッチ〟の時代ではない。素晴しい仲間と、素晴しい時間をもつためなら、何万円の金を払っても惜しくない、そう多くの人が思うような社会が、これからの時代の特徴ではないだろうか。

たとえば、情報化社会といわれているが、情報をつかもうとして追いかける時代は、実は過ぎてしまって、もう爛熟期《らんじゅくき》だ。シラケているとさえいえる。だから、家族でやるイベントや友だちを交えてのイベント、あるいは取引先のイベントでもいい、大小のイベントに参加するとか仕掛けるかして、人間交流を深めていく。そういう積極的な人間交流が、自分も家族もハッピイにするのだ。

ほれ薬をブスッと

何か人のためになることをする場合でも、自分のできることで良いわけだし、これは私の趣味で道楽なんです、なんて言いながらやっている分には、一生懸命、徹底的にやっても、受ける側にしても全然重く感じないで、さらりと受け取ってもらえる。しかも、非常にうれしいし、感謝される。そんなふうだと、お互いに疲れない。そして相手には、ぬくもりのあるヒューマン・シャワーを浴びた感じをもってもらえる。そういう雰囲気ができると、相手も黙ってはいない。ポーンとボールを投げ返してくる。そんな心のキャッチボールをする関係が、すばらしい人脈に発展していくわけだ。

ただ、何をやっても分からない人がいるもので、人の善意にも鈍感なら、自分から他人のために行動することは一切しないという人をよく見かける。

しかし、そういう人は、そもそも受け皿がないか、自分の相撲しか考えていないか、とにかく人の善意というものを分かろうとしない人だから、距離をおいておつきあいするしかない。顔を合わせても、ヤァッと挨拶して、さようならでいいわけだ。

他人とのつきあいの程度には、不公平な面があってもしょうがない。誰とはウマが合うけど、誰それは嫌いだ、というようなことは、ごく普通にあることだから。だいたい、公平に誰とでも仲良くなんて、神様しかできないことなのだ。

だから、いろいろなレベルのつきあいというものがあっていい。ただ、この人はすごいと感じて納得できるような人に出会ったら、太い注射器にほれ薬をばっちりいれて、ブスッと注射する。人に安らぎや喜びを与えることができる人間的な魅力のようなもの、それがほれ薬だ。相手をゆさぶって、フッとこっちに顔を向けさせなきゃ。

相手の心をゆすぶる、そのために、どういうパフォーマンスをするかを考える。そのへんに、いい関係をつくる極意があるわけだ。

〝楽しみ〟は
エネルギーの素

◎日常の行動指針

先義後利　まず人のためにできることをやってみる。利はあとでついてくればいい「ギブ＆ギブ」

知的パトロン　現代のパトロン　持てる知恵と体力とを惜しみなく与える

心の調味料　持ち味・意欲をサマにする

モニュメントづくり　自分しかできないことを一つぐらい生きた証しとして残したい

しあわせローン　ギブ・アンド・ギブはローンの返済手段「おすそわけ感覚」

人生の黒字決算　人生は瞬間決算の累積　三つの課題でチェック　いい出会い・納得できること・小さな親切

タイムリッチ　心豊かな時間の総量＝幸せの総量「波長の合う人と過ごす」

粋＝生き　その２　行動哲学　生きる方向性と自信

「行動哲学」生きる方向性

行動だけが人間を計るバロメーターである。人は何気ない動作からもその人の本質は見抜かれているものだ。人の行動をよく観察していると、一つひとつの行動の中にその人の性格や行動哲学の片鱗をはっきりと読みとれるのである。

相手の人となりを判断していくバロメーターは、その人の日常の行為を通してよく見極めることである。

行動だけがその人を語りつづけている。有言実行の姿勢ある人は高い評価を受ける。

人生も経営も同じ——哲学をもとう

経営者の〝経〟という字は、経度緯度という字句からも類推できるように、〝タテ糸〟を意味する。この場合の〝タテ糸〟は、哲学・理念・ビジョン・ロマンのことであると受けとめると理解しやすい。

すなわち、〝タテ糸〟を持たない人は（人生）経営者として資格がないとみられよう。生きざまに哲学がないことは、自分自身どう生きたいのか方向性がなく、自信もないのではあるまいか。ホンモノの経営者とは、必ずおのれの哲学といったような〝タテ糸〟を持ち合わせている。

あなたにしても、自分の人生会社のオーナー経営者であるのだから、自立についてそれなりの戦略思考がなくては、いつになっても依存的体質から脱却できないだろう。自立をめざすには、いまの時点でどんな作戦を展開すべきか、その戦略目標が明確になれば、目標に向けてどう実践していくかの戦術を編み出す発想につながっていく。

これも、あなたに（人生）経営者としての自覚があってこそ可能なことだ。

息のあるかぎり
幕を下ろすことのない壮大な人生ドラマ
あなたが主役の
このとてつもない長丁場を
主体性をもって貫く
そこに素晴らしい価値がある

哲学を持つ、持たない

哲学を持たないことが哲学、なんてカッコつけている人をみると、詭弁をろうしているだけで、頭の中身はからっぽじゃないかなと、皮肉な見方をしたくなる。私自身が、それと似たような言辞を用いたことで、かつて冷や汗をかいた苦い経験があるからである。

学生の時分にインド大使館の書記官との出会いがあった。話題がたまたま宗教問題に及んだときに、宗教についてはもともと素質がないし関心がない旨を、相手に伝えるつもりだったところを、貧しい語学力のために「神様を信じない」というような発言になってしまった。熱心なジャイナ教の信者であった相手は、なぜ信じないのかと私に噛みついてきて、そのあとかなりの時間をかけて自分の信仰についてとうとうと演説をぶった。インド人の演説好きには驚いたが、私はとても恥ずかしい思いで、相手のいうことに耳を傾けた。相手は、私のことを〃無神論者〃と誤解したのである。

神様を信じないというからには、それなりの理論的根拠があるはずで、こちらの見解を述べなくてはならない。思いあがった発言をしておきながら、それを裏づけることばがひと言も出ない自分に、ただただ腹が立つだけだった。穴にも入りたかったその時の思いが、ペダンチックなことばやキザなセリフを用いることに、その後きわめて慎重になったのである。

そこで思うのだが、哲学を持たないということは、自分自身どのように生きていきたいのか方向性がなく、自信もないのではあるまいか。人間としての基本を踏まえた生き方が、きちんとできない人であるように思える。

生きていくための基本についてはいろんなとらえ方ができるが、少なくとも触れ合う相手の心のなかに、何か引っかかるような不自然な感情を起こさせないことが、基本に忠実なふるまいといえるだろう。

事実、人間関係ひとつとりあげてみても、人間としての基本をお互いにわきまえているかぎり、そうまずい関係になることはない。どちらかに基本がないと、ぎくしゃくしてしまうのが人間社会のありさまである。だから、なにも〝哲学〟なんていうことばにこだわらないで、むしろ、社会人として立派にやっていくための基本ルールというように、さらりと受けとめていくほうが、わかりがいいのではないだろうか。とかく用いることばがむずかしいと、考えることまでハイブローというか、まわりが理解しにくいようなことになりがちだ。そんなことで、結局は言うこととやることがちがう言行不一致のジレンマに、みずから陥っていくようになるものである。

したがって、単純明快で、わかりやすい哲学を身につけて行動するのがベストであると思う。

社会生活を営むうえで、当然守るべき人との約束、礼儀作法などは、あらかじめわきまえておくべき前提であるだろう。一人の社会人として、そのへんをキチンとしておかなければ、つきあいはできたとしても、お互いに信頼し合う関係には決してならないのである。

三つの「基本ルール」を身につける

人間関係の基本ルールといえるのは、人間としての基本に付加されたプラスの心であり、つきあう価値を認められる魅力的な行動理念である。

それは第一に、らしく生きることに徹する姿勢であると思う。どんな職場に従事していても、その人なりに、らしく生きようと一所懸命に努力していく姿勢が、なにより大切である。それぞれに行動様式があり、その人らしいものを持ち合わせている。自分がいまどういう立場に置かれているのかを自問して、たえずおのれを知ることに努めていくことだ。どのような環境にあっても、つねに旗幟《きし》を鮮明にしておいて、自分らしく徹して生きようとする緊張感が、人間としての迫力を生み出すばかりか、相手の心を打ってつきあいを求めたくなるような、そんな魅力を発散してくるのである。

第二の基本ルールは、相手の立場になって考え、思いやることである。ことに、内気で引っこみ思案の人は、みずから進んで接触を求めることをしないので、こちらのほうから相手の心の中にあるものを、上手に引き出してやることが必要である。口まで出かかっている親愛の情を、自然に流れ出るように仕向けてやる心づかいがあってよい。要は、つねに相手の立場に立って、相手の心情を理解するように努めることである。そうすれば、人情の機微、人生の妙を知ることもできて、人間の幅を広げていくことにもなる。フランスのモラリストであるジュベールが、「友人が片目なら、私は友人を横から眺める」といっているが、本当の思いやりは、こんなふうに相手の中に自分をはめ込んでいくものである。それに、人はだれでも潜在的にすばらしい能力をもっている。能力においてはほとんど差がないはずなのに、ただそれを発揮する場がなかっただけではないか、そう思って相手を評価しようとする態度で接すると、以心伝心でこちらの思いやりも相手に通じて、お互いが尊敬し合う大人のつきあいが始まるのだ。

第三には、意欲的に持ち味づくりをすることであろう。

持ち味のない人と接した後には、いつも空虚な感じしか残らない。それではつきあいも先細りとなっていく。つきあいというのは、お互いの個性のぶつかり合いである。こんな具合にして、人間としての基本ルールを身につけておくことは、自分自身の存在意識を証明するためにも、絶対に必要な手続きであることを銘記すべきである。

「ゆとり」をもって生きている人に漂う香り

いつ出会ってもその人から、「ゆとり」を感じとれる。忙しいときには忙しく立ち働き、ひまなときにはひまなように時を過ごす、そんな具合に状況変化にうまく適応しながら大らかに生き抜いていく。貧乏性タイプに共通するあくせくしたザマとは無縁の「ゆとり」ある人を好ましく思い、より一層の信用を与える人が多い。

なぜなら、ゆとりある人であれば、たとえどんな状況下にあっても、おのれの能力をフルに発揮して、自己を生かす余裕があると思われているからだ。

実際、そういう人たちをじっくり観察してみると、なべて気分転換が上手であると同時に、「どんなことがあってもオレはベストを尽くしていけるんだ」という自負心があるので、逆境にあってもめげることなく泰然としている。

つまり、ゆとりを生み出す心の鍵をもって、常にベストコンディションにわが身を置こうとしながら、人生に立ち向かっているのである。

そんな生き方をしている人物からは、ふわーっとよい人間の香りが漂ってくるもので、好印象をもつ一方、いつまでもつきあっていきたい気持ちがうずまいてくるのも自然な成り行きであろう。

談

自分の人生については、つねに考えて行動していました。メディエーターを始めたのも、〝ギブ・アンド・ギブ〟という発想にしても、自分らしい生き方に徹するという、その根はおんなじだと思っています。

青木さん、欲がないんですね、ってよく言われますが、とんでもない、自分の人生をサマにしようっていう、ものすごい欲があるから、目先のチマチマしたことには関係がない、というか興味を示さない生き方になっているんです。

ゆとりある時間観

時間を金銭以上に大切なものと評価し
それをうまく生かす時間だけが
人間らしい生活を実感できる

行動はその人を語り続ける

人間の行動をよく観察していると、その人についていろんなことがわかってくるものである。一つひとつの行動を通して、その人の性格という行動哲学の片鱗を、本人は意識していないことだが、はっきりと読みとれることがある。

身近なケースでみてみよう。日ごろエラそうな大口を叩いていながら、肝心な部分で逃避行をはかる人物、つまり、いっていることとやっていることが違うような人が、身のまわりに意外と多い。日ごろのつきあいにおいてもよく経験することだが、調子のよい相手のことばに釣られてしまってつい約束したところが、あとで見事にいっぱい食わされるなど、だれもが一度ならず痛い目にあっているはずだ。

そういう現実であるだけに、有言実行の姿勢のある人は、高い評価を受けることになる。事実、われわれが人物を評価するにあたって、まずチェックするところは、やっていることにウソがないかどうかということである。その点を、日常の生活行動の中から検証してみようとすることが多い。なぜなら、人は正面からみつめられたりすると、自分のもっとも美しい顔をみせようとして、無意識のうちに顔面神経がピリリと緊張していく。だから本当の美しさは、つくられる部分のない自然体の表情にあるのではないだろうか。

人の性格をみるときもまったく同じことで、意識して接しているときは、とらえにくいけれども、何気ないちょっとした動作に、その人の本質を垣間見ることができるものである。つまり、人の行動というのは、たとえどんなささやかなことであっても、その人の全人格が集約された中枢が刺激を受けて、はじめて行動に結びついていくのであるから、行動そのものが、一つひとつその人の分身とみてよいわけだ。

そういう見方をしていくと、ことばというのは、時として行動を説明する補足的手段でしかないように思える。実際、本当にことばどおりであるかどうか証明する手立ては、その人の行動を見るしかないわけである。

自分のことばに責任を持ち、言行一致を心がけている私にとっては、接する相手も同じように考えて応対してくれるものと思っているだけに、その反対のちぐはぐ人間と知った際には、ものすごく不信感を増大させていくようになり、つきあいのルールさえ守れない人種としてみなしていくことになるのである。

心のこもった
ボールを投げられたら
そのまま捨てておいてはいけない
思い思われる
心のキャッチボールをしていけば
いつか人間関係の絆が
太くなっている

「他己《たこ》啓発」で磨かれる自分

多くのシニア世代は、ビジネス人生のなかで調和とバランス感覚を学んでいる。何事もちょうどよく、ひとつのことに偏重しないバランス感覚。しかし、仕事をするのと同じように、ひとつの事柄に熱中しつづけるのは並大抵の努力ではすまない。

多くの実例を見ても、最初は大層な意気込みで事を始めた人が、ひとりでがんばりつづけた結果、どこかでエネルギー切れを起こして挫折してしまう。挫折感のあまり、週に一度の教室すらやめてしまう。それならばと家族に目を向けてみても、妻も子も外にネットワークをもち、あなたを当てにはしていない。何が間違っていたのか。あなたは、「ひとりではたいしたことはできない」という自覚に欠けていたことが問題だったのだ。ひとりで自己啓発に努めるのには限界がある。人は、目標達成への強烈な意志とともに、それを支える周囲の励ましや刺激がないと、自己啓発を続けるのは難しい。まして50歳過ぎからは、体力、気力ともに急速に衰えていく傾向にあるだけに、エネルギーを持続させていく知恵と工夫がぜひとも必要である。そこで考えられるのは、他人との出会いによって自分に刺激を与え、やる気を引き出す活力を生む「他己啓発」を仕掛ける知恵だ。

自分と同じような志をもった人、または自分にない持ち味をもつすぐれた人物に次から次へと遭遇していく過程で、豊かな付加価値をわが身につけていける。そうして出会った人々は、あなたにとって励ましあえる仲間であり、刺激を与えてくれるライバルでもあり、新しい知恵を授けてくれる師である。

そして、これからはむしろ知識よりも知恵を、情報よりも生活技術を体得するための人づきあいを念頭においたほうがよい。常識以上の知識情報をもっていても、人生を生き抜く知恵に乏しい中高年が、少なからず存在するのが実情だからだ。

他人と集うから自立できないのではない。自立のためにこそ、よき他人とつきあい、集う必要がある。いい人とふれあうことで自分が磨かれて、人間の幅がひとまわり大きくなっていく。結果として知性・教養が身につき、さらには人を惹きつける魅力も増して、またいい人と出会う機会が多くなるという好循環が生まれる。

「自分を磨き高めてくれるのは他人だ」という自覚をぜひとももって、あなたの人間財産づくりを始めていただきたい。

幸運の女神が微笑むのは

人間関係を広げたい意欲があるなら、つきあいを仕掛けていくことだ。こんな人に出会いたいと常に意識していると、そういうチャンスは必ず到来する。

ところが、幸運というのはだれにも公平に与えられているはずなのに、その恩恵を受けずに一生を終わってしまう人も少なくない。思うに、つきあいのリズムのつけ方がまずいために、せっかくの幸運を取り逃がしてしまうのだろう。出会いのチャンスがあっても、「いまとりたてて用事があるわけではないし……」「そのうち会いにいこう」ということで、自分の都合をペースにした物さしで判断し、絶好の出会いのチャンスをみずからつぶしてしまう。

「会いたい」という心のうずきが生じたら、そのうずきに素直に乗っていって行動にリズムをつけていくことだ。幸運掴みの上手な人は、そこに積極的な意志が存在しており、人生に取り組む姿勢がきわめて前向きなのだ。幸運の女神は、自分の意志で選択した道をぐんぐん積極的に進んでいく人にのみ、ニッコリ微笑んでくれる。

逆に、よい出会いを求める意欲のない人は、目の前に出会いの好機があっても気づかずに見すごしてしまう。運を掴むキャッチング・マインドをいつも研ぎすましていないと、つきあいのきっかけを活かすことができないからだ。

意欲ある人は、心の触手を休むことなく働かせていて、これはと思う情報に出会うとさっそく行動を開始する。

たとえば、心の琴線《きんせん》に触れるようなピンとくる人間情報に接したときは、その情報源に遡《さかのぼ》っていく感じで、新聞や雑誌からのネタなら発刊元へ、テレビならその放送局に照会して、その人物の連絡先を確認し、直接当の本人に接触してみることだ。

手間ひまかかるが、この程度のことすらできなくては、つきあいを広げるなんて考えることすらおこがましい。〝当たって砕けろ〟と思いながら正面からぶつかってみると、意外によいハプニングに恵まれることがある。

幸運は、待っていても決して訪れてこない。富士山というすばらしい山がそこにあるなら、御殿場口でも吉田口でも、自分に適した登山口を探して苦労しながら登ってみるがいい。山のほうから近づいてくることは絶対にあり得ないのだから、自分の持てる知的総合力を駆使《くし》して山を征服するように心がけることである。

「自分維新」の行動のとき

世の中には、つまらない自尊心にこだわって、自分自身を生かしきれない人がいかに多いことか。しっかりと気持ちができていれば、「今は、芝居の中の一つの役割を演じているにすぎない」と割り切れる。ときには、自尊心など捨てて、自分を変えてみることも必要だ。あなたにとっての幸福のイメージを、ありありと描いて、小さな幸福を積み上げることで、初めて生涯の大きな幸福につなげることができるのだ。

これからの時代の人間は、変化を求められる。それは、人間として「納得」しうるかどうか、ということである。社会人間としてお互いに納得しあって関わる、納得しあってつきあう。そういうふうに「納得」がこれからの時代のキー・ワードになるのではないか。

これが俺の生き方だという、脈々と流れる生き方の伝統を子に渡せるかどうか、そういう認識で新たにする「自分維新」をしたいものだ。明治維新は世直し維新だったかもしれないが、自分を維新していく「自分維新」の時代だ。

自分しかできない
なにかひとつを残す

「ワンウェイ・ユーイズム」で恋をする

情報が氾濫している今日、誰もが遅かれ早かれ「もの知り」になっているので、人づきあいにおいても知識量だけで、人間としての信用を得ることはできない。知識よりも、人の心をつかむふるまいやしぐさが重要である。

その効果的なしぐさのひとつが、「ワンウェイ・ユーイズム」だ。相手の立場を思いやって行動することを、いつも楽しみながらできる「ユーイズム」が、しっかり身についていたならば、一つひとつの行動がホンモノ人間の心にくさびを打っているのと同じ効果をもたらす。

この「ユーイズム」について、かつて私が耳にした日本舞踊家の先代・西崎緑さんがラジオインタビューを受けているときの、見事な応答ぶりが今なお忘れられない。アナウンサーの質問は、「西崎さん、いつもそのようにお若くてお美しいのには、何か秘訣でもおありなんでしょうか?」というものだった。西崎さんはさらりと受けて答えた。

「それは、いつも私はね、誰かに恋をしているからだと思いますよ。片想いなのよ。自分の好みのタイプに出会うと、惚れこんでしまうんですのよ。まるでこちらから恋を仕掛けていくような感じですが、それがとてもいいんです。恋をしますと、相手に気に入ってもらいたいばっかりに、ものすごく緊張しますでしょ。そうすると、身体中のホルモンの分泌作用が活発になっていくんですね。ホルモン活動が美容上非常によいっていうのは、どなたでもご存じでしょ。そのいつも恋をしていようと思う気持ちが、ひょっとして私を若く見せているのではないかしら」

たとえ自分の気持ちが通じない片想いであっても、自分がそうするのがうれしいのだときっぱりおっしゃったのが印象的だった。今にして考えてみると、このような考え方、行動の仕方に人づきあいの極意が秘められている気がする。

人のために何かをするという発想ではなくて、自分がうれしいから、あるいは楽しいからそのようにふるまっているだけだと思っていく。そこにかわいいほどすばらしい魅力が潜んでいる。「ギブ・アンド・ギブ」に徹する喜びがある。その喜びを味わえること自体、汲《く》めども尽きないエネルギーの泉であり、枯れを知らない活性剤でもある。

深く真剣だから
そこに技巧はなく
少しも気どったりは
しない

粋＝生き　その３　しん友づくり　人生に退屈しないすごい財産

〝人間行脚〟に燃える

これからは、かつての貧乏時代ではないのだから、物や金に執着するような気持ちを捨て去って、心の豊かさを求める知的ハングリー精神で〝人間行脚〟をすることをお勧めしたい。人を求め、さがし歩く旅に一生燃えるようでありたいものだ。

物は、それがダイヤモンドでも、失えばそれっ切りだが、人間こそ、本当の財産、心の支えだ。それに人間財産は、その人が生きている限り繰り返し活かせるもので、また、最高にいいのは、人生に退屈しない。こんなすごい財産なのだから、やはり一人でも多くふやしたい。そして人生マラソンの、最後のトラック４百メートルをそういう仲間たちといっしょに、ゆうゆうとガッツポーズでゴールインできるような生き方ができれば、あなたの人生は最高だろう。

シニア時代こその「しん友づくり」

「いい仲間」のことを総称して「しん友」と表現している。「しん」が平仮名なのは、相手をどう位置づけるかによって新友、真友、信友、心友、深友と、その人なりにいろいろな字をあててもらうためだ。

要は、孤独感を減らして幸福感を増やしあえるような友達を増やしていく、それが「しん友づくり」ということだ。シニア時代は、一生のうちで最も楽しい年代ではないだろうか。仕事がらみの人間関係から解放されて、利害を超えた人間関係を築くことができる。シニア時代こそ、「しん友」をつくることが大切だ。

いい生き方というのは、一人ではできない。励ましあい、支えあいながら生きていくのが、人生なのだからだ。

ところで、そこで大切なのは、あなたが好感度の高い人かどうかだ。ちょっと試してみよう。これから申し上げる10のチェックポイントのうち、いくつあてはまるか、数えてみていただきたい。

①エネルギッシュである

②食べ物に好き嫌いがない

③よくしゃべる
④姿勢がいい（特に人と接するとき）
⑤笑顔がいい
⑥目が生き生きと輝いている
⑦話題が豊富
⑧服装がこざっぱりしている
⑨チャレンジ精神がある
⑩ものごとに真剣に取り組むエネルギーを持っている

いかがだろう。あてはまる項目が５つ以上ある人は、人から好かれること請け合いだ。

これに、もうひとつおまけの質問を加えると、「夢を持っていますか」。それから隠し味がひとつ。自分らしい生き方をしているかどうか。「いかにもあの人らしいな」と思える人は、とてもつきあいやすいものだ。

新友づくりのポイントは

①そのプライドは必要か

「どうせつきあうなら、それなりの人とつきあいたい」

「うちの近所にタムロしているような、しょぼくれたオヤジとはつきあいたくない」

ある一流企業で、定年退職を数年後に控えている人の言葉だが、同じように考えている人は意外に多いのではないだろうか。ここでいう「それなりの人」とは、元の仕事、役職、教養、家庭環境、生活レベルなどさまざまなフィルターにかけて独自に判断した結果、合格ラインに達していると思える人のことである。裏を返せば、自分に対しても「それなりの人」だと自己評価し、高いプライドをもっていることになる。

たしかに、すべての人と平等につきあう必要はない。生涯の人間財産を得るには、あなたの鑑識眼を活かし、これぞと思う人と長く親交を深めていく努力をすることだ。だが一度も接しないうちから、職歴や生活レベルなど表向きの要因だけで判断し、その人を知る機会をみずから捨ててしまうのは、大きな損である。

「以前はこんな仕事していました」と過去の実績をひけらかす人ほど、現在の自分について語れない

（だから、過去しか語れないのだ）。逆に、駅前の赤提灯《あかちょうちん》にタムロしているランニング姿のオヤジさんが、たいへんな釣りの名手で、あなたが少年時代に置き忘れてきた釣りの楽しみを再び与えてくれる師になるかもしれない。

第一、あなた自身、本当に自分が思うほどの「それなりの人」であろうか。先に述べた「自分白書」をつくり、みずからの本質をしっかり見極めたあとなら、そんなよけいなプライドはもちあわせていないはずである。よしんばもっていたとしても、潔く捨てる勇気をもってほしい。

人との「出会い」は人生を彩ってくれる重要な要素である。「いい出会い」が「いい人生」をつくる。人生にはパートナーが必要だ。人生に躓《つまず》いたときに温かい励ましの手をさしのべてくれるパートナー、あなたをさらに成長させてくれるパートナー、楽しいときは楽しみを二倍にし、悲しいときは悲しみを半分に分かち合うパートナー……。そんなパートナーとの出会いを求めて、まず、目の前にいる相手から、人づきあいを始めてみよう。

人づきあいといっても、肩ひじはって身構えることはない。背伸びして人と接していこうとするから無理が生じるのだ。目は横にあり、鼻はまっすぐになっているのが人間の顔の自然な形だ。あるがままの顔をそのまま生かすような、そんな自然体で相手に接すると、相手の心の中にすんなり入っていける。

まずは肩の力を抜いて、自分を飾ったり、自慢することなく、相手を知ろう。

②「面倒くさい」を克服する

「今さら新しい人づきあいなんて面倒くさい」

まずはこちらの心を開いて頭から相手を信用して応対してみよう。その心のあり方さえきちんとしていれば、相手もきわめて自然でオープンな気持ちで対処してくれるもので、互いの年齢や職業をこえて心を通い合わせることはたやすい。

初対面の人と接するのを「面倒くさい」と感じる人は多いという。相手が自分をどう思っているか、つまらないと感じていないか、相手はどういう人物だろう、自分はだまされはしないか、こうした感情でぐずぐず悩んだりするのが億劫《おっくう》で、結局は「面倒だから」といって、初対面の人と接すること自体をやめてしまう。このような「人づきあいの面倒くささ」を克服する、ちょっとしたコツがある。

私は職業柄、初対面の人とよく接するが、その際いつも何の先入観をもたず、白紙の状態で相手と接するように心がけている。そのせいか、初めて顔を合わせるぎこちなさをほとんど感じるまもなく、すんなりと会話に入っていける。もしもこちらが、相手にだまされはしないか、バカにされないかと疑念をもって接すると、相手はその気配を察してしまい、ぎくしゃくした会話になってしまう。心のもちようは、その人の表情やしぐさに表れやすい。それをよくわきまえておけばビクつくことはない。

多くの場合、人は自分の言動が相手にどう受けとめられていくのかを、かなり気にしながらしゃべっているものだ。そんな懸念を、相手に与えてしまわないようにふるまうのがコツといえばコツである。私は、「相手がこちらをだます気なら、一度はだまされてもいいじゃないか。万一だまされたところで生命には別状あるまい」と居直って、人と接するようにしている。

要は、同じようなだまされ方を二度と繰り返さないように、注意すればよいだけの話である。すると自然とおおらかな気持ちになり、人と接する態度において構えた堅苦しさを相手に感じさせることはない。むしろ、好印象を与えていくようである。こちらも相手もリラックスしているので、余計なストレスも「面倒くささ」も感じない。相手は、こちらが話の内容に素直に耳を傾けるので、一種の安心感を抱いてしまうらしい。

まずは、気が合った仲間と、気軽に集まってダベリングの会を持つことから始めようではないか。居酒屋で酒を飲みながらでもいいし、くつろいでサロン風に語り合うのでもいい。ダベリングのテーマも何でもいいが、バラエティがあったほうが、さらに幅広く人間関係が広がっていく。年齢、性別も関係なく、集まってみよう。お互いに、現在もてる知識や知恵を惜しみなく吐き出して、明日に向かって触発しあうところにダベリングの意義がある。

そこで楽しく盛り上げるポイントは、人生の出会いは、つねに後味のよいものであるように心がけることである。そのためには、ホンネの対話ができる舞台を用意して、くつろぎのムードづくりをすることだ。

③内気やはにかみはエゴイストの裏返し

「人づきあいしたいけれども内気なので自分から声かけるのはとても……」

本人が思い込んでいる謙虚な姿勢は、実は他者にはエゴイストと映っていたりする。これを肝に命じ、勇気を出して当たっていけば、あなたが本気でつきあいたいと思い、真摯に「何かを与える姿勢」を打ち出せば、必ず輪のつなぎ目ができ、みんなと共有できる感動が返ってくるはずだ。

多少の口下手など問題にならない。相手もあなたの言葉にじっと耳を傾け、口下手の奥にあるまっすぐな気概を汲み取ってくれるであろう。

④出会いのチャンスは自分から「仕掛ける」

古今東西を問わず、人生の成功者と見られている人たちは、発想、行動のすべてにわたって常に先手を打ち、こちらから「仕掛ける」という生き方をしている。だからこそ成功したのであろう。「仕掛ける心」は、それほど大切な心のあり方なのだ。

もちろん他人の「仕掛け」にのせられていくだけでも、それなりに人生の楽しみは得られる。だが、そんな人生は、他人事《ひとごと》人生にすぎない。仕掛けるというのは、自分の人生を主体的に生きようという意志の強い自己表現である。

「仕掛ける」というと大層なことに思われそうだが、ビジネスの場においては、セールスや契約獲得、仕事の根回しといった目的のために、初対面の人とアポイントをとる経験は誰にでもあるだろう。相手があなたにとってぜひとも会いたい人物だった場合、ただ漫然と電話をするだけではなく、手紙と一緒に会社のパンフレットを送ってみたり、パーティーで偶然を装って声をかけたり、こちらから会食をもちかけてみたりと、さまざまに工夫を凝らした経験がおありのはずだ。そのような仕掛けが功を奏して商談のアポイントをとりつけたときの喜びは、努力あればこその大きな喜びだったに違いない。会社の仕事のためにできたことが、自身のためにできないわけがない。これからの人生の展開に、ビジネスで学んだ杵柄《きねづか》を思い出し、「仕掛け心」を有効に活用していただきたいと思う。

こうした「仕掛け心」は、日常生活のなかでも磨ける。たとえば、今まで妻に任せっぱなしにしていた家族や友人との食事プラン、旅計画などを、お仕着せプランではない楽しいものにしていくように工夫してみる。仕掛けなんて大仰に意識しなくても、どのようにしたら家族や友人仲間に楽しんでもらえるか、自分も楽しみながら一所懸命考えて実践することが、「仕掛け心」のトレーニングになる。

これまで家族から疎んじられていたあなたが、「お父さん、この頃変わったね」と言われたら、もう家族の大好き人間になったのだ。

相手を喜ばせたいという感性は、よほどのひねくれ者でないかぎり、多かれ少なかれ誰もがもちあわせているものだ。ただ、その親切心を「仕掛け心」と結びつける知恵に気づかないで、多くの場合、心のなかに眠らせたまま。まことにもったいない。こういう人間的な感性を、もっと引き出しておおいに活用すべきである。

こちらの期待どおりに喜んでくれたという小さな成功の実績が、自分の「仕掛け」に自信をつける。実際、いくつもの成功例を積み上げていけば、いつのまにか人間関係をうまく取り運んでいくノウハウがしっかり身についていくものである。常に「仕掛ける心」をもっている人は、他者からの「仕掛け」に応ずる心も併《あわ》せもっている。だからこそ活発な人間交流が生まれ、人生が何倍にもおもしろくなっていく。

恋は千里の道をいとわず

人間の能力を表す概念として、ＩＱ（Intelligence Quotient＝頭脳指数）がよく知られているが、実社会では、ＩＱでは解決できない人間関係の問題が山積している。すなわち、計算しがたい心の領域である。これを解くのが、頭脳指数に対して「感情指数」とよばれるＥＱ（Emotional Quotient）である

（詳しくは拙著『ＥＱ型人間が成功する』産能大学出版部刊）。

ＥＱ能力とは「自分の感情を把握する能力、他人の気持ちを理解する能力、どんな状況のときも前向きに目標に向かって進もうとする能力」のことである。この能力を備えた「ＥＱ人間」は、まさに人づきあいのスペシャリストである。

たとえば次にあげるような人々は、魅力的なＥＱ人間であり、こうした人々からは、そこはかとなく「いい人間の香気」がふわっと漂ってくる。

★何かに１２０％打ち込んでいる人――１００％どころか、それ以上にエネルギーを燃焼させていると思えるほどに、仕事や好きな趣味に精励している人には、心の余裕を感じさせる何かがある。

★いくらつきあっても疲れない人――余計なことまでやって相手を疲れさせないケジメと心くばりがあって、つきあうのが楽しいというムードが常にお互いの間にある。

★いくらつきあっても退屈しない人――つきあいのなかに心に残る演出、楽しい仕掛けを心がけていて人を飽きさせない。いつも何かに燃えていて、そのテレパシーを浴びせられると快い刺激を受ける。ユーモアやウィットを理解する心の持ち主でもある。

★共存共栄をはかって伸びていく人――自分だけでなく、相手と一緒になって明日に向かって伸びていこうとする、そんな熱い心が根底にあるので、周囲の人が揺さぶられてしまう。互いに主体性をもってつきあえるよい関係が築ける。

★度量が広い人――人の話によく耳を傾ける心の広さがある。エクボ（長所）には両目を開け、アバタ（短所）には片目をつぶるという、ゆとりのある姿勢がある。

★ヒューマニティのある人――人間がとても温かい。勇気、判断力、明るさ、親しみやすさ、思いやり、謙虚さというようなプラスの人格を身につけている。心の冷たい人は、とかく自分の都合で相手を動かそうとする傾向が強く、相手の心にアレルギー反応を引き起こしがちである。

私は右にあげた6つのイメージのうち、2つ以上身についている人物と、中身の濃い人間交流を築くことを心がけている。同時に、自身もこうしたイメージをいつも身につけていたいと思っている。

「恋は千里の道をいとわず」といわれるが、これは何も男女の仲に限ったものではない。人を恋《こ》う（恋する）気持ち、すなわち他者への激しい好奇心は、ものぐさになりがちな身体にムチを打ち、勇ましく行動する人間に変心させてしまう。

ものぐさというのは、誰かがすべてやってくれると信じ込んでいる人間のことだから、まずもって好奇心がない。好奇心がなければ、人づきあいを仕掛けることができないのは明らかだ。逆に好奇心があると、身近に起こるどんな出来事からでも、見聞きする書物や会話からでも、何かしらひとつは得るものがあると思って関心を示す。結果、物事の判断材料やよいネタがおもしろいほど集まってくるものである。

それに、物事に好き嫌いなく興味をもって日常生活を過ごしていると、他人のしぐさまでに興味が湧き、毎日が新鮮で楽しくて仕方がない。散歩をしているときに、ふと道端に咲く野の花に気づいて腰をかがめるのもよいが、商店街の人だかりを後ろから覗《のぞ》き込んでみるのも、思わぬキーワードを拾えて幸せな気持ちになったりする。

ときにはマンガや週刊誌、女性雑誌などに目を通してみるのも、時代感覚を磨きあげるには必要だ。テレビ、ラジオでも話題となっている番組ぐらいは、たとえ俗悪番組として世の大人たちから忌避《きひ》されているものでも、一度は見ておく。どんなキーワードでも裏づけがなければ、興味を惹《ひ》くキーワードとして生きてこないのだ。

「あんなつまらないもの、見る気がしない」「バカバカしくて聞きたくもないよ」と言って、低俗なことにかかわりあうことが恥だといわんばかりにバッサリ斬《き》ってしまう人がいる。本当にそのものの本質を理解したあとでの発言なら傾聴に値するかもしれないが、たいていはロクに知りもしないで、よろず食わず嫌いスタイルの人が多いものだ。先入観にとらわれていて、独断で決め込んでしまっている。

そんな人にはバランスのとれた柔軟な行動はできないだろう。カンと触覚を働かせて、何にでも興味を示しているうちに、人づきあいに必要な幅広い知識と鋭い洞察力が身についてくる。それがまた、対人関係に大きなプラスをもたらすようになる。

「随縁」の井戸から

学縁・地縁・趣味縁など何かの縁にこだわって人間関係の井戸を掘り下げていく。縁があればお互いの正体がわかり人物チェックがたやすくできる。

「人づきあい」をどこに求めたらよいだろうか。

もしあなたに「友だち」とよべるような間柄の人がひとりもいないとしても臆《おく》することはない。多くの人がそうなのだという気楽な認識に立って、まずは手近な「縁」から探っていくのがよいだろう。

仏教の教えのなかに「随縁」という言葉がある。「縁（つながり）」に随《したが》って物事が起こるという意であるが、「縁」というのは日常的によく使うことばでもある。偶然出会って「これはまたご縁ですね」と言い、「よきご縁に恵まれて」結婚しても、「おまえとオレは腐れ縁」などと言いながらつながっているように、人知では測りがたいご縁を大事にしなさいという教えがこめられている。

この縁をたぐりよせ、出会いや再会に結びつけて育てていくのもよい方法である。縁には切れたようでも切れない「因縁」というものがあるから、過去の縁の糸をたぐりよせれば、「懐かしいなあ」とたちまち復活する。そこから人間関係を育てていくのは比較的容易である。そのルートを考察してみると、大きく次の５つに分類できるだろう。

★血縁——親・兄弟・親戚を媒介とした人間財産である。血縁は人間財産のなかでも、もっとも基本となるべきものである。まして同じ血が流れているということになれば、その団結力は他よりすぐれているわけで、まずここを出発点として人間財産を増やす。

★地縁——いわゆる同郷の人々である。郷里の知人・先輩という間柄であれば、互いに同郷意識が強い。人間財産づくりがスムーズにいきやすいこともあり、多くの人が利用している。また、あなたが住んでいる地域でも、自治会や町内会、ボランティアグループなどを通じた人間財産づくりも、「遠い親戚より近くの他人」というように、おおいにその実りが期待できよう。

★学縁——出身学校を基盤とする人間財産である。小学校、中学校、高校あるいは大学、各種専門学校などの同窓生が、その連帯感をくさびにしてつながる縁だ。とりわけクラブやゼミの仲間たちの結びつきは、合宿などを通じてかなり強固なものになっている。この縁をたどれば、数多くの人間財産を発掘できる。

★社縁——社会に出てからの仕事上で知りえた人間財産である。会社の同僚、上司、部下などは、いわば生活を賭けた戦場での「戦友同士」であるので、同じような「社会信用状」をもつ連帯感が強みになって、人間財産拡大の武器になっていく。

★楽縁――仕事を離れたところでの趣味や遊び、各種のサークル活動などを通しての人間財産である。最近増えているのは、行きつけの飲み屋が媒介してゴルフやボーリングなどのコンペを催し、常連たちの縁をつなぐ仕掛けである。血縁が血にしばられ、社縁が仕事に拘束されているのに対して、楽縁の場合はみずから求めて仲間になっているだけに、互いにホンネの部分で理解しあえる人間関係を広げていきやすい。

このように、「縁」つなぎの効用を自覚していれば、「人づきあい」を求めるあなたの身近に、「人づきあい」の湧《わ》きでる井戸を発見できるだろう。

それでは、潜在している「縁」から人づきあいを始める一例を、学縁につながる「人間井戸」について見てみよう。

学生時代の仲間を単にアルバムにしまいこんでいるだけでは、あまりにもったいない。少年期あるいは青春という人格形成期の年代にハダカのふれあいがあり、多感な年代を同じ学び舎《や》で送ったという原点を共有できるだけに、学縁につながる人たちは共通の連帯感をもちあわせている。

自分の体験からある程度相手の人物が類推でき、正体がわかっている。これはつきあいを深めていくうえで大切な促進剤となる。

そこで、今日までつきあってきた仲間やしばらく没交渉であった学友たちに対し、新たな角度からスポットライトを当ててみて、交友関係の洗い直しをしてみる。

そのなかから、分野は異なっていても、今の時点で意欲的に健闘している前向き人間に、ピタリと焦点をあわせてつきあいを求めていく。

しばらく会っていない人につきあいを求めるのは、少しばかり勇気がいるかもしれない。優柔不断な人は、相手がどう思うだろうなどとあれこれ迷って、会いたいのに結局会わずじまいにしてしまい、機会を逃す。だが、たとえ後に悔いが残るとしても、それはそれでいい経験をしたと思って、次のチャンスに活かすような発想が必要だ。

「あの人に会ってみたい」という気持ちがうずいたら、その気持ちに素直に従って行動してみてはどうだろう。思いきって行動してみたら、案外相手も同じように人づきあいの道を模索しているところかもしれない。

すばらしい出会いが人間財産を生むかもしれない。優柔不断のままに何も行動しなかったら、何の発展もなく悔いが残るだけである。

やらないで後悔するよりは、やってみたほうがよっぽどよいと考えて、そのとおり実践していく人は、充実した人生を送れる人だと思う。

損得を超えたとき「縁」がつながる

「5まめ人間」のすすめ

しん友を求めるには、人を動かす魅力を持ちたい。そこで「足まめ」「筆まめ」「電話まめ」「世話まめ」「出まめ」、この5つの「まめ」を身につけて、人を揺さぶろうではないか。

「足まめ」と「筆まめ」は、「これは」と思う人の所へ直接足を運ぶ。会えないときは手紙を書く。

「電話まめ」は、「あいつ、どうしているかな」と思うしん友候補がいたら、「元気？」と電話をかけてみる。関心を持たれて嫌な人はいないのだから。

「世話まめ」な人の特権は、黒子になっていろいろ世話をしてあげると、周りに喜ばれ、情報もばっちり入ってくることだ。

「出まめ」は、シニア世代にぜひ申し上げたい。出かけていかなければ、しん友との出会いはない。

思い通りに生きてみたいと思うなら
すべてに対して自分から仕掛ける
積極さが必要だ
何事にも好奇心を抱いて
積極的に取り組む姿勢を持とう

手紙で自分の気持ちをのびのびと

手紙を書くにあたっていちばんうれしいのは、面と向かって言えないことが、手紙ではわりあい素直に書けるということだ。なにも美文調で書くことはなく、理路整然と述べる必要もない。相手に話を聞かせるつもりで書いていけばよい。対面して喋《しゃべ》ろうとすると、ノドまで出かかっていることばであっても、いろんな思惑が働いたりしてうまく言えない場合がよくある。手紙であれば、その懸念は毛頭ないので、のびのびと表現できるはず。自分の気持ちに忠実に書くことが、その人の持ち味を引き出し、相手に好印象をもって受けとられるのである。

手紙を書くのを面倒がる人は、このコミュニケーションの道具の利用を軽く見ているわけで、自己PRのひとつの大きなチャンスを逃している。時と場合によっては、自分の誠意を相手に感じとってもらう方法として、手紙のほうが口頭伝達よりも効果がある。それは、声での感情表現には限界があり、すぐに消えてしまうものだからだ。その点、手紙の場合は、なにか手を加えなければなくなってしまうものでもないし、じっくりと考えながら書き上げていけば、舌足らずによる誤解もなくて済む。

不意の電話にも心づかいを

とくに改まった用事があるというのではないが、知人友人から不意に電話がかかってくることがある。その場合、対応にちょっとした心づかいをすることで、ずいぶんとその後のつきあいによい結果を生み出すものである。

ある夜８時ごろにオフィスの電話が鳴った。「会いたいけど、どんな感じ?」「いやあ、今ちょっと来客中なんだ。残念だなあ」「そうか。じゃあまた連絡するよ」――電話をかけてきたのは、無店舗販売で成功したやり手経営者のＭ氏だった。が、電話を受けた２週間後に心臓発作でＭ氏が急死した知らせが届いた。

どうしてその夜の電話口で都合のよいタイミングを決めてしまわなかったのか、翌日でも翌々日でもよかったではないか、会う段取りを約束すべきだったと、今でも後悔している。

会いたいと思って超繁忙《はんぼう》の身でありながら電話をかけてくれた好意に、すぐに応えることのできなかった自分が腹立たしいのだ。何か用事があったのか、気分転換をはかるためだったのか、今となっては知るすべもない。

小さな機器に温かい血液を流して

多忙な人がよく使うセリフに、「今ちょっと忙しいんだ。そのうち会おうや。今度こちらから電話するよ」というのがある。何気なく口にしていることばかもしれないが、「そのうち」が永遠に来ないこともあるのだ。

明日何が起こるかわからない。だからその瞬間を意識して、そのつど誠意を相手に伝える工夫が必要だ。電話をかけてくれた相手の好意に謝して、会いたいという気持ちを具体的にまず示すことが大切だ。つまり、電話のあった時点で、双方の都合のよい日時をすかさずセットしてしまうことである。翌日でも一週間先の約束でもよい。肝心なことは、多くの知人友人の中からとくにあなたを選んで電話をかけてくれた「縁」を大切にフォローする気持ちである。折り返しこちらの誠意を伝えようとする心である。

非人格の小さな機器でしかない電話に、温かい血液を流しこんで、あなたの真心を伝える手足のように使いこなせるなら、面と向かって意志疎通をはかるのと同じ効果が期待できるのである。

人間に
もっと関心を持てば
面白くなる

つきあいはヒューマニティで

①自分のことをわかってもらう前に相手を知ろう
②刺激的な出会いをクセにする

シニア時代では、人間関係のつくり方も若いころとは違ってくる。まず、人間関係の〝棚卸し〟から始めるのがいい。体も心も若いころとは違うので、「疲れない関係」を大切に、「自分を守る態勢」へと交友関係を組み立て直していく。「メリハリのあるおつきあい」である。

親しくしたい人にはひと味違う楽しい工夫をする一方で、さほど大切でない人とは距離をおく。すべての人と公平につきあおうと考えなくてもいい。それは、おつきあいの知恵である。

自分にとって「望ましい人」と「望ましくない人」にわけてみる。いくらつきあっても退屈しない人は「望ましい」、何かに燃えている人とつきあっていると、「よし、俺もやるぞ」という気持ちになれる。そして、自然体でおつきあいできる疲れない人。

「望ましい人」の最右翼は、ヒューマニティのある人だ。ヒューマニティというのは、思いやりや謙虚さ、明るさといったプラスの人格を指すが、これを持っている人は心が温かい。

逆に、「望ましくない人」もいる。反面教師にしていただくためにいくつか例を挙げると、まず、疲れる人。私は「善意の悪魔」と呼んでいるが、求めもしないのに世話を焼く人っている。こういう人は、つきあっているとくたびれてしまう。

自分の話に酔う自己陶酔型、いつも愚痴ばかりで、斜に構えている逃避型の人ともつきあいきれない。あと、打算型。昔話ばかりで前向きな気持ちが感じられない郷愁型もだめだ。

そういう人とつきあっていると、こちらの考え方まで後ろ向きになってしまうことになるだろう。

その動きは「アメーバのごとく」

世話好きが高じて現在の「人間接着業」という仕事を始めた私だが、「受け身」のつきあい方を活用し、その効果をたっぷりと味わっている。それは、人から何かの相談や依頼ごとが持ち込まれると、まず相手の話をじっくりと聞き、求めに応じて行動をとる。さながら刺激を受けてから動き出すアメーバそっくりの対応だ。

こうした関係は、行きすぎたお節介《せっかい》をしないですむし、むしろムダがなくて合理的である。しかも、単なるお節介とちがって、相手の願いや夢をいっしょに実現させるという、自分の喜びにもつながっていく。共に行動することでお互いの信頼感が深まり、精神的にゆとりも生まれてくるものだ。

ところが、人とのつきあいでは、利害や損得にこだわりすぎて強く自己主張したりすれば、とたんにぎくしゃくして人間関係はくずれてしまうが、それよりも相手の思いを誠実に受けとめて、いっしょに動こうとする心くばりがあれば、相手にもこちらの気持ちが自然と伝わっていく。人間の心は計算不可能なものであるが故に、功利的な打算を介するのは許されないことなのである。

相手の振幅に合わせてみると

ふつう「受け身」というと、いかにも消極的で主体性がないようにみえるが、そうではなくて、超高層ビルにみる柔構造を思い浮かべてみるとよい。だれもが知るように、現代の超高層ビルは、地震のときにはその揺れを受けとめ、共振して持ちこたえるよう安全性高く設計されている。つきあいの中にも、そうした共振の原理を生かした柔構造を当てはめて応用することにより、もっと安心して人とつきあえる。

そのためには、お互いの心を開くことからつきあいは始まるのだから、自分の動き方を先に考えるという日ごろのやり方を変えて、相手の振幅に合わせてこちらも動く〝柔構造感覚〟を心がけてみたらどうだろうか。

それでは主体性が失われて、自分本来の生活がなくなると懸念するかもしれないが、決して自分をなくしてしまうことにはならない。どんな状況にあってもつきあいをうまく保とうとする真摯な心くばりがあるかぎり、あなたの主体性を生かし続けることが必ずできるはずだ。つきあいを円滑にするために、相手とともに揺れ動いていく〝人間関係における柔構造〟を、ぜひあなたに設計してほしいと思う。

欠点があるからこそ
愉快がある
欠点がちらちら見えるから
ほっと落ちつく

人づきあいにもメリハリ要

　これからの人生における豊かさの総量とは、相性のあう香りの持ち主や、波長のあう人と心豊かに共有する時間の総量ではないかと思う。

　人生後半は、普通のつきあいですむ人にはさらりとした対応で流していって、これぞと思える人とのつきあいに時間や情熱を注ぎ、相手の心を強く揺さぶるようにしたほうがよい。人づきあいにもメリハリが必要なのである。実際に私の心を動かした人物のケースを述べてみよう。

　福島市で地元の再開発に燃えているIさんだが、かつて私が仙台出張の機会があったとき、福島に途中下車して立ち寄る時間的余裕がないと連絡したら、Iさんは私と同じ新幹線に乗車して、仙台から福島まで懇談したいというのである。わずか30分足らずの車中での対話のために、わざわざ仙台まで出向いてくるというIさんの心意気に打れてしまった。初めてIさんと出会ってからまだ数か月であるし、取り立てて用事があるわけでもないのに、余分なカネ、時間、エネルギーを費やしてまで出会いのチャンスを大切にしようとする熱意に心揺さぶられた。

　時流がハイテクになればなるほど、その一方で人間らしい行動が求められてくる。合理化の権化に見えるハイテクでは人の心を揺さぶられないが、逆に面倒くさい、厄介な、手間暇のかかる用を、労を惜しまずにさらりとやってのけるような人物には、揺さぶれて惹きつけられていくのが人情だろう。

Ｉさんの場合、みずからの思い入れをうまく自己表現として行動してしまう。口先で当たりのいいことばをかけられるよりも、行動にはその人のもつ思想・哲学が映し出されていくので、具体的でわかりやすく、人となりを納得しやすい。

実際、これはと思える人に普通のつきあいの仕方で対応してみても、相手からはそれ相応分の手応えしかないものである。それはちょうど、叩き方によってすばらしい音色をだす不思議な楽器みたいなものである。

人の顔かたちが異なるように個性も違うのだから、相手に応じた応対を個別に工夫していくのは大切である。逆に、誰とでも公平につきあおうと考えて行動していると、ときとして他人のエネルギーに振りまわされてしまう。

情報と同じくつきあいも、量を多く求めれば量に振りまわされて、本当に大事な人とのつきあいがおろそかになってしまう。

これからの人生につながるよい人間関係を求めるなら、養分豊かに育ちそうな芽だけを残し、どうでもいいような人間関係はばっさり切り捨てていく勇気もまた必要である。そうしないと、葉っぱばかり目立って育ち、美しい花はひとつも咲かないことになりかねない。だが、「切り捨て＝絶交」という意味ではない。つきあいのバルブを、必要なとき以外は一時的に閉めておくようにする。こちらが積極的な働きかけはしないものの、声をかけられれば応えるといった受け身の応対をしていくということである。

人間財産のおかげで退屈しない人生を過ごせる

ケチ（経知）人間になろう

ケチ人間とは、不本意なカネは出さないけれども、自分が納得して使う生きたカネを惜しまない。確固たる目的があるから、死に金を使うことをしないのである。

もしもあなたが「カネをかけないで人間財産を増やす方法はないだろうか」と考えているなら、それはいかにもムシがよすぎる。そういう人は、生活の合理化をはかっていくうえで、交際費などは最初にカットすべきと考えているだろう。だが本当にそうだろうか。

ＩＴの発達に伴い、さまざまな分野の合理化が可能になってきているが、人間関係にだけは決して通用しないのだ。カネも時間もたっぷり使い、大いなるムダを積み上げたのちに、やっと効果が期待できるのである。

もっとも、たっぷりのカネといっても限度があり、許される範囲内で惜しみなく使える金額である。趣味や生活費にウエイトをかけ、なおかつ、よい人間関係を保っていこうなんて欲ばってみても、どだいムリな注文だ。

したがって、よりよい人間関係を手に入れるためには、そのために投資をするという考え方でいくべきである。それも定期積立方式ではなくて、一年でも数年でもよいから、ある短期間かなり集中的に投資する。時期は、自立に目覚めた瞬間からである。今が新たな人生の勝負時と判断したら、限られたなかからどうにかやりくりを工夫して、いつもの交際費限度枠を思いきって拡大する。

それはちょうど経営者が、企業発展のために前向きの開発投資が必要とみれば、重点投資を決断するようなものである。必要なカネや時間は、何としてもそれをつくりだしてみせるという意志と創意工夫がなければ、なかなか生みだそうとしても生みだせないものである。

当然ながらこの投資は、家族の理解なくしてはできない。言い換えれば自立できる人間は、自分の目的実現のために家族が協力するように仕向けていくのがうまい。ファミリー・カンパニーの経営者として、まず明確なポリシーを打ちだしていく。そして、そのポリシーを実現させていくのにどのような協力をしてほしいかを説明して、家族の納得と信頼を得る。それが、家族の長たる人の務めなのだ。

楽しみながらさりげなく

近ごろのように生存競争が激しくなってくると、多くの人は自分を守るのに精いっぱいだから、他を顧みる余裕がないのが現実だ。ところがよくしたもので、前向きの向上意欲をもつ、そんな人はつねに新たな刺激を求めているもので、頭の中のどこかに自由に交流できるようなフリーポートのごとき情報の受け皿を用意している。ただ、限られたスペースであるから、付加価値ある「情の報《しら》せ」であれば歓迎されよう。したがって、あなたが相手の役立つ促進剤をさりげなくサービスしていくと、相手の関心を大いに惹きつけるようになることはたしかだ。

人はだれでも、日ごろの自分の行動から見て、なかなか他人のことまで思い及ばないことが多いので、その意識の盲点をつかれると弱い。自分がしたくともさまざまな事情からできないことを、相手がさらりとやってのけるのを見ると、ぐっと心に感じるものがあるのだ。だから、あなたが関心をもつ人に関連ある情報やデータを見いだしたら、それをそのままにしておかないで、切り抜くかコピーするなりして、メモを添えて相手に送り届けるとよい。または口頭で連絡することでもよい。

こうして「あなたに関心があるのだ」という気持ちを具体的に示して、相手にあなたのまごころメッセージを届けていくのだ。

たとえ相手がその情報に気づいていたようであっても、その行為自体から、共存共栄を期待して共に伸びていこうとするあなたの、明日を思う心づかいが汲みとれて嬉しいものである。こんな具合に、何かをしてやってんだという顔をいっさい見せずにさりげなく届けられた好意の片道切符に対して、心からの感謝の気持ちが生ずるのも自然の成り行きであろう。

もしも相手が、「ユーイズム（相手思考）」を実践するホンモノの人間であるなら、必ず何らかの形でチケットを届けてよこし、心を通い合わせるように努めてくれる。

さらにいえば、これはと思える人物を見いだしたときには、心のサービスに徹しきって、相手の関心の対象に役立つことを具体的な行動で示していくと、相手の反応のしかたで人物としての器の大小が判然と把握できるので、その効果はもうひとつ増えよう。相手の心の負担にならないように、〝できる範囲のことを楽しみながら知的サービス〟――ここに相手の心の扉を開く秘訣があるということである。

◎人を動かすふるまいやしぐさ

ユーモア感覚　自分で自分をからかう余裕と寛大さがまわりを明るくする

好奇心　人づきあい・読書やさまざまな体験のムダが教養となり、幅広さが身につく

自然流　構えずに自分の気持ちをすなおに出すことが相手の心の窓を開ける

あそび心　遊びを通して人間の感情の機微を知り、人づきあいのマナーを体得する

知的情報サービス　相手の成長に役立つ促進剤。できる範囲の知的サービスを心がける

善魔人間　面倒をみるのが好きだからと善意の押し売りはありがた迷惑になる
浅い契り　お互いの間に適当なスタンスを置きながら、さらりとつきあう洗練さが大切だ
柔構造感覚　相手の思いを誠実に受けとめ、相手と一緒に動こうとする心くばりがある
芝居心　旺盛なサービス精神を発揮して、後味が残るように心を砕く
仕掛け心　こうすれば相手が喜ぶという親切心を、自分流の仕掛け心に結びつけていく

粋＝生き　その４　吸引力　人を惹きつける力とは

殻を抜けると

ひたむきに自分らしい生き方を求めて、次から次に新しいテーマに挑戦している人。つまり、会えば必ず何らかの刺激を与えてくれる人は、いつも輝いていて周囲を飽きさせない。人を惹きつけていくには、「人がよい」「やさしい」といった性格上の長所があるのも大事だが、それだけでは人間として物足りなく思われる時期がやってくるものだ。

要するに、みずからの人生に取り組む姿勢が、自身の人間的評価を決めていくのである。挑戦するマインドを忘れた人間なんて、存在意義をみずから否定して生きているようなものである。どんな小さな目標であってもよいから、目標を立てたら、そこに向かって歩きだすという行動力を身につけることだ。

挑戦とは、勇気ある行動の積み重ねである。小さなギャップを飛躍していくうちにリズム感を身につけ、数多くの未知なるものにささやかな挑戦を重ねながら、次第に大きなものへの挑戦が可能となる状態にもっていく。

話のポイントをしぼって明快に話そう

話題は何であれ、それを話す人の独特の持ち味が加わってこそ、会話のリズムが生きてくる。したがって、知識の切り売り程度の借り物ではない何か（サムシング・ワン）が会話の中にほしい。確かな表現のしかたは、自分の目で見たことを自分のことばで話すことである。

もしも、あなたの会話の中身がいつも、週刊誌的トピックやゴルフ、マージャンに終始していては、ちょっとお粗末である。また、知ったかぶりをして間違った知識をひけらかしていくのも、サマにならないことだろう。

自分のことばで話すとは、ことばに余計な修飾語がつかず、鮮明に相手の頭脳に焼きつけること。多くの人は、日ごろ情報過多が原因となったダイジェスト的なことばに毒されているので、飾りのない、率直にして個性的な表現を、どれほど新鮮な印象をもって受けとめてくれるものか、想像に難くない。

ところで、会話の基本は、「相手にわかりやすくいうこと」が大前提である。「いったい何をいいたいのだ」と、相手に思わせてしまっては、いくらことばが多くても意味のないことになろう。

よくあるケースだが、前置きばかりが長く、肝心なところがなかなか出てこない話し方をする人がいる。有能な相手ほど、結論を早く聞きたがることを知っておくべきだ。「これをぜひ伝えよう」と、ポイントを絞って発言すると、成功する確率が高い。結論にいたる過程の説明は後からやることになるが、きちんとまとまった論理で「わたしはこう思う」と、具体的にわかりやすく話せれば申し分ない。

その際、意外と盲点になるのが、ことばの勢いというか、ハキハキとしっかりした語勢があるかという点である。小さな声で語尾がはっきり聞き取れない話し方は、ネクラの印象を与えていかにもまずい。それに、聞き手の判断材料には、話の中に誠実さがにじみ出ているか、あるいはネアカな笑いを伴っているかどうかも、チェックポイントになってくるのである。

とりわけ後味のよい会話を味わうには、よいことばづかいもまた必要である。極端なことをいえば、ことばづかいのけじめがつかないようでは、つきあいを深めるなんてことはできない相談なのだ。

「ユーイズム」でゆさぶりを

相手の立場になって考え思いやっていく「ユーイズム」がある。相手を評価する形でひたむきに努力する。そんな気持ちに相手はほだされていくのである。

「なんていいヤツなんだ」という第一印象を与えて、相手の交際リストに登録させてしまうのが先決だ。人と接していて、あなたの口から素直に、「何かお役に立てれば……」ということばが出てくるだろうか。もしもそのことばが、自然に口に出るようであればたいへんすばらしいことだ。たとえ口には出さなくても、このマインドをもっていることが肝心なのである。ふつうこのことばは、デパート、専門店、ホテルなどでは、必須の接客用語だが、現実にはさほど励行されているようには思えない。まして、ふだんのつきあいにおいては、さらに使用頻度が少なくなっている。だからこそ、このことばに値打ちが出てくるのだ。

実際、知り合って間もない人からでも、「私にできることでしたらお役に立ちたいと思いますが、何かございませんか」などといわれるのは、とてもうれしいものである。相手が自発的に協力を申し出てくるからには、こちらが相手側の人物テストにパスしたと考えられるし、こちらのことを思いやってくれる心づかいが伝わってくるからである。率直にいって、いまのように便利な世の中であると、人からいわれなくても何かをしてあげるほど機転をきかす訓練は、いまひとつ不足している。だから、何をしてほしいかを具体的に聞き出して相手の役に立つ――せめてそのくらいの気働きならば、だれでもできるように思える。また、せっかくの心づかいをことばにして表現するときは、誠意をにじませていう態度が絶対に必要である。美辞麗句をいくら並べたてても、心のこもったひとつのしぐさにはかなわないのだ。ほほえみを浮かべて、やさしく協力を申し出られると、その温かい人柄がにじみ出ている感じで、相手の気持ちを素直に受けとめることができるものである。

それに、すぐれた人物というのは、人から何かを得ようと思うならば、まずこちらから与えていくぐらいの心くばりを持ち合わせているものである。つねに人の手の届きにくい背中を掻いてあげるようなつもりで、「何かお役に立てれば……」とさらりと声をかけてみることである。まずはそのひと声から、人の心にゆさぶりをかけていったらどうであろう。

May I help you?

男は愛きょう

陽性な人はまわりを明るくしていく。人間なんてナニサマでもないのだから、自分で自分を笑う、あるいはからかう余裕があれば、他人から笑われたところで気にならないし、相手を笑いとばすこともできるはずである。

なにより第三者の目で自分を眺めるゆとりと寛大さがあれば、ユーモアも自然に湧いて出て、相手をいち早く味方にしてしまう。「男は度胸、女は愛きょう」というのが通説だが、男にも愛きょうがあってもいいじゃないか、またそのほうが、まわりのムードを明るくしていくはずだという考え方がある。

たしかに、愛きょうこそ、手っとり早くネアカの印象を人に与えていくのに、効果的な生活技術はほかにないかもしれない。そのうえ、人を楽しませる冗談やユーモアをいえる技術を身につけたら、どんな人にも歓迎されるし、明朗な人間性と頭の回転の早さとで、好印象を与えていくものである。

ユーモアというのは、人間の行動を支配する武器にもなりうるくらいの強い力を持っている。だから、人を魅惑する手段としてたいへんに役に立つ。そんな冗談をいえるコツを学ぶには、日ごろから冗談の養分となる下地づくりに励むことが必要だ。

一例を挙げれば、新聞、雑誌の囲みとなっているコラム欄を熟読することである。コラムというのは、記名無記名を問わず、書き手が大変苦心して、短い文章の中にテーマのエッセンスを盛り込もうと努力した結晶である。つまり、ふつうのベタ記事と違って、それだけ集約された内容が、小さなスペースに含まれている場合が多いのだ。したがって、冗談のネタとなるキー・ワードや知的会話の素材を、コラムの中に数多く求めやすいのである。気の利いたユーモアで人の心を捉えるには、ユニークで新鮮なネタでなくてはならない。昔ながらの駄じゃれを乱発して苦笑されるよりも、最新のことばを駆使して楽しい笑いを巻き起こすネアカムードのほうが、潤滑油としての効果が抜群に上がる。そして、T・P・O（時・場所・場合）をわきまえてユーモアをいうのが、効果を発揮させる秘訣である。肝心なのは、ゴテゴテとアクセサリーをつける感じでことばを多くするよりも、現代ファッションにふさわしく、簡潔なワンポイント・ジョークを心がけることだ。「すぐれたユーモリストこそ、社交界のベストドレッサーだ」といわれるゆえんである。

人に好かれる人は断り方もうまい

たとえば、あなたが人に何かを頼んだときに、「忙しくてできない」「やりたくない」といわれたら、どう感じるだろう。仕事などを断るときは、きっぱりと断りのことばは述べるべきなのだが、このことばでは、あまりにも、そっけなくて、二度と頼む気がしなくなってしまう。

こんなときは、まず、「お声をかけてくださり、ありがとうございます」のお礼のことばをひと言述べよう。その後で、はっきりと断りのことばを述べるのだ。

また、本当に忙しいのであっても、「忙しくてダメだ」では、忙しいことを自慢しているようでヤボなことばだ。こんなときに、「私の影武者が一人いればできるんだが……」などとユーモアを交えて断ったら、相手も思わず笑ってくれるだろう。

愛情のシャワーを
かけあおう
ラブ・ミー・コール

ずっとつきあいたい人の、「７つの香り」

①自分らしく生きる

自分らしく生きるには、自分を見つめ、自分の置かれた立場や環境をよく理解することが必要だ。この自分らしく生きようとする緊張感が、相手の心を打つ魅力になる。

②包容力

相手のことを見守っていて、いざというときにだけアドバイスし、行動をおこしてくれる人。押しつけではなく、さりげなく手をさしのべてくれる。

③好奇心

人間にかかわりあることすべてに、大いなる興味を抱いている。このような人は、教養が身につき、知的会話のタネが増え、幅広く活躍できる。

④自然流

人づきあいで背伸びしてはならない。相手からバカにされまいと構えていると、相手もその気配を察して心を開かない。自然体で自分にも相手にもムリなくつきあう人がいい。

⑤挑戦する心

いつも何か課題を持って、解決しようとつとめていく前向きな姿勢が大切だ。自分自身に挑戦しながら、たえず積極的に生きる人からは、まわりの人もエネルギーをもらえる。

⑥遊び心

遊びを通して人間の感情の機微を知り、人づきあいのマナーを身につける。遊びは人間修行の場だ。遊び慣れた人は、人生を楽しむのがうまく心に余裕がある。

⑦芝居心

相手のタイプに応じて、役作りを変えていく柔軟な対応ができる人だ。人と接するときには、状況に応じてそのつど変身し、相手を楽しませる芝居心が人間関係を保つ原動力になる。

「11の袋」はいい香り

豊かな人間財産をもつ人からはいい香りがふわっと漂ってくるものだが、そんな香りを発散しつづけていけるのは、おそらく次の「11の袋」を自分の中に育み、「袋」の現在高を意識しながら、足らざる袋の中身を充実させるように燃えているからであろう。

①胃袋（胃を大切にすること自体、健康すべてに心くばりがある）

②お袋（母親は、心の港。母親をはじめ家族を大切にすることが心身の健康の源泉だ）

③給料袋（メシのタネを大切にすることは、無駄ガネを使わないコスト意識を育む）

④かんにん袋（出番のチャンスが到来するまで準備に努めていく前向きの我慢が肝心。準備不足で失敗するケースが多い）

⑤手袋（持ち味とか専門技術。何かの決め手をもっと、肝心なときに勝負をかけやすい）

⑥知恵袋（いざというとき知恵を貸してくれる人間財産の多さが心強さの支え）

⑦お守り袋（道しるべのこと。あの先輩のように生きてみたいと思える人間目標）

⑧匂い袋（人を惹きつけるような知性・教養に加えて、謙虚さ、思いやりという香りを育む）

⑨状袋（心のこもった手紙。あなたの誠意を汲みとらせて相手の心をつかむ情袋だ）

⑩福袋（みんなと福＝幸福を分かち合ってこそ人生は楽しい。情報など惜しみなく放出する）

⑥大入り袋（心の広さのこと。お互いに価値観の違う異文化、異世代を受け入れるには特別製の袋が必要。この袋の大きさはあなたの器量で決まる）

以上挙げた「11の袋」は、人生の攻守両面にわたって必要であって、これらを充実させれば情感豊かな人間の香りを育む大切な骨格になるに違いない。同時にバランス感覚のある人間の魅力が身につくので、惹きつけられた人たちが浮き袋＝人間財産になってあなたを支えてくれることだろう。

粋＝生き　その５　持ち味、隠し味　ひたむきなエネルギーに満ちて

持ち味づくりに意欲的であろう

個性と個性のぶつかり合いがつきあいなのだから、相手の印象に残る個性づくりが必要だ。貧弱な個性では飽きられてしまう。これまで人にほめられたこと、認められたことがあれば、それが自分のセールスポイントとして確実なものになるように努力することだ。

〝生きる〟とは〝人生を楽しむ〟こと

「人生のシナリオ」は、自作自演でしかない。

人生とは芝居のようなものであるといわれる。その舞台で、自分の役を楽しみ、それなりに精一杯演じてみせることが、なにより大切なことである。われわれはやがて死ぬべき人間なのであるから、生ある限りいつも与えられた役を、真剣にかつ大胆に演じていかなければならない。

その際、自分にとっての当たり役とはどんなものであろうか。人に感動を与え、しかも自分自身が楽しめて満足できるような演技は、ハムレットであったろうか、いやオセロであったか。こんなふうに心に残るような自分の当たり役を、生涯の間に一体いくつ持ち得るだろうかと、つねに意識して人生を過ごしたいものである。

つまり、役者には、その持ち味に適したはまり役があるように、われわれもそれぞれ自分にしかやれないものを、何かひとつでもよいからこの世に残していくことである。さらに自分自身のモニュメント（記念碑）を、どれだけ築き上げていけるのか、限りなく自己に挑戦していかなければ、楽しみもなく何のために生きていくのか迷いも出てくる。そのへんが明確にされないと、人々の出会いにしても、仕事に取り組むうえでも、何の意味もなく幕を開閉するだけに終始することになって、人生舞台が充実したものにならない。

まずもって人生のシナリオは自分で書き、自分で演じていくことにより充実感が味わえるものである。そこで、どうしても押さえておきたい大切なポイントがある。それは、主体性のある生き方を貫けるかどうかという点である。

たしかに、生きていくためには、時代の変化に自分を合わせなければいけないこともある。相手の顔色を読まなければならないこともある。心ならずも……のふるまいも必要なこともある。黒子に徹することだってあることだろう。それだけに、ひとつ間違えば、うまく生き抜いているつもりでも、実際は根なし草人生だったということにもなりかねない。だからこそ、主体性をもった生き方が必要なのである。

だれだって他人の舞台を鑑賞するだけの人生では楽しめないし、なんとも空しい感じを抱くだろう。芝居やオペラなら主役やワキ役の絡み合いを通じて、ドラマの展開をそれなりに楽しむことができる。だが人生舞台では、観客や評論家のような立場になって、まるで他人事の人生であるかのごとく、自分の人生を演じていくようではまったくサマにならない。自分でシナリオを書き、みずから演出して、そして自分が主役になって人生ドラマを展開させていく。幕が下りるまで出づっぱりの大熱演をしてはじめて、ようやく大向こうの拍手が得られるのである。

人生を楽しむ気持ちが旺盛であるような人は、自分の舞台に決して代役を立てるようなことはしない。自分の演技力がまだ未熟だからといって、プロの後見役の力を借りながら、その場その場を取りつくろっていくような、あなたまかせのやり方はしないのだ。

見た目にはうまくこなしているようにみえても、世間という観客には絶対にごまかしはきかないのである。これは、2、3時間で終了するようなドラマではなく、息のあるかぎり幕を下ろすことのない壮大な人生ドラマなのである。

「人生ドラマ」の主役兼演出家

このとてつもない長丁場を、もしごまかしの演技をつづけていくことができるとしたら、そんな人は大天才であるだろう。われわれ凡人は、楽しみどころか苦痛があるだけで、いつまでも世間を欺き通せるものではない。人生舞台で演ずる場合は、あなたの本当の実力をすなおに出していくのがよいように思える。

たとえあなたの演技がヘタであっても、ヘタはヘタなりに一所懸命楽しく演じてみせることだ。演技はヘタであっても、観客の眼を舞台のあなたに惹きつけていけること、それ自体がすばらしい価値を生み出していくように思う。

人生の主役はつねにあなた自身であることを肝に銘じて、自分の意志で選択できる部分をできるだけ支配しておくことである。また、他人の思惑や評判などは気にしないで、情緒を安定させていき、能力全開をはかる。そこではじめてあなたらしい人生の楽しみ方ができるのである。

「持ち味」を出すと「隠し味」も

自己ＰＲのやり方だが、基本的に身近な家族でさえもあなたという人間をほとんど知らないという前提に立って、白紙の状態からあなたを理解させていくことを、念頭に置いて行動するのがいい。時には家族の反応から自分に対する理解、了解度をみて行く。〃自分〃がうまく伝わっているかどうか、あるいは、自分でない自分をとらえられているようだ、とか、さまざまな自分をみることができるだろう。それは、自分らしく生きる姿勢に徹するための訓練であるかもしれない。

その人の行動にらしさが感じられなければ、まったくサマにならない。らしく生きようとする緊張感が、相手の心を打つ何かを与え、人間としての迫力が出る。どう生きようとするか、自分の持ち味をはっきりと打ち出し、らしさを徹底させることである。

多少の時間がかかっても、あなたを本当に理解する味方を一人でも多く得ていくつもりで、自分の持ち味を大胆に表現していくことだ。そこにこそ隠し味も生きてくるのだ。

魅力的な個性は
一朝一夕にはつくれないが
そうありたいと思う心は
人に通じるものだ
心ある人は
前向きに努力している人に興味を持ち
その人と縁があることを　誇りに思うのだ

「ギブ・アンド・ギブ」

ビジネスでは何事も「ギブ・アンド・テイク」の対価主義が原則である。人間関係では「ギブ・アンド・ギブ」の精神でやらないとうまくいかない。あなたができる範囲でよいから、さらりとさりげなく、それも徹底的にやっていく姿勢が相手の心をゆさぶって信用を呼び込んでいく。

人間についての価値観が、いま大きくサマ変わりしている。時代の流れが、モノの文明からヒトの文明へと移行しつつあるからであろう。

人間の香りというのは、その人の個性や心の魅力などの総和である。誠実なこころとひたむきな情熱、思いやりから香り立つものである。そんな香りを発散させていくには、人生における賃借対照表（バランスシート）の上で借りをつくらないようにこころがけることだ。ヒトに預金をかけていくような感じでもって、自分のできることを徹底的に「ギブ・アンド・ギブ」していくことである。

このようにして、自分のしたいことをしっかりもつ。自分のペースを守り、おおらかに人生を生き抜いていく香り高い人間の魅力がにじみでてくるだろう。

好奇心は教養の素

好奇心のない人はバランスのとれた柔軟な行動はできない。

カンと触覚を働かせて何にでも興味を示していくうちに、おのずと人づきあいに必要な幅広い知識と鋭い洞察力が身についていてくる。それが対人関係に大きいプラスをもたらすようになる。

何事にも好奇心を発揮して対応すると、教養が身につく。

教養というのは、ムダの累積であるが、知的会話の素材でもある。そこで、マルチ（多面）人間というユニークな個性が人を魅惑するきっかけになる。

退屈させない話題が豊富であるのがいい。

ひたむきなエネルギーに満ちているのがいい

ショボクレ人間とふれ合っていると、自分までショボクレた考え方にとらわれがちだ。であればこそ、あなたの周囲にはいつもプラスエネルギーが充満しているように心を砕く努力が必要だ。そうすれば生きる楽しみも味わえるし有益である。

一流の人間として成功している人物たちにあるのは、人の心をゆさぶるような強烈なパワーだ。何かを成し遂げるためひたむきに情熱を燃やしているとか、子どものように邪心《じゃしん》がないとか、ものの見方や考え方がきわめて純粋である……といったような、人間らしく生きていくうえでいちばん大切な魅力がある。このような基本的な魅力は、小才がきいて要領よく立ち回っていくタイプの人間には、さほど身についているようには思えない。

今は、モノの時代であるより心の時代だ。やりたいようにやっていくためには、そこにエネルギーを必要とする。このエネルギーを、どのように自分のやりたいことに注入していくのかが大きな課題だろう。

成功者たちの生きざまをよく観察してみると、ナマの純粋さを思わせるように、実に単純明快なのである。権力欲、名誉欲、世間体《せけんてい》といった虚飾な部分がどこかに切り捨てられている感じで、そこにはエネルギーの投入に邪魔だてするような衰弱したエセ知性や教養は見られない。

ただひたすらにできるかぎりのエネルギーを投入していこうと心がけているので、どんな仕事や他のやりたいことであろうと、道はおのずと開かれていく。

ことに、人間に価値を置く今日では、人とのつきあいにおいて、その人の人間的魅力を解明してみたところが、ピーマンのように中身がカラッポであったり、らっきょうのように皮を剥《む》いたら何も残らないということでは、いくら存在感をアピールしてもなんにもならない。やはり、つきあうほどに光り輝いてくるダイヤモンド原石のような魅力――ひたむきさ、素直さ、純粋さ、誠実さ、まじめさ、無邪気さ、少年のようなロマンに満ちた童心《わらべごころ》……を、あらためてわが身の中に探し求めてみるといい。そして、そのいずれか一つの魅力に徹して生きぬいていけば、そのことによって生み出されたエネルギーで、人の心をゆさぶるパワーが身についてくることになるのである。

聞き上手はよき語り手になる

話の聞き出し方がうまいのは、最小のことばをもって最大の自己ＰＲをしているようなもの。まずはよき聞き上手になってしかるのちに、よき語り手になることが肝要である。あなたの「持ち味」のひとつに、ぜひ「聞き上手」であってほしい。いろいろな生活技術のなかで、相手にしゃべる快感を味あわせるという妙薬がある。

誰でも経験しているように、思う存分言いたいことをしゃべったあとの快感は、こたえられない。そうなると、快感を引きだしてくれた話の聞き役に好印象をもつようになるのも、当然のなりゆきだろう。

そこで、聞き上手となる際の仕掛けであるが、大事なのは何をどう聞くのかということだ。

最初は世間話から始まるのが普通だが、そこには長い時間をかけないほうがいい。すでにマスコミなどで報道されている情報をいくら話しても意味がないし、なるべく早く世間話を切り上げて、借り物でない相手のナマの言葉を引きだしたいものだ。

しゃべる快感というのは、自分の考えを自分のことばでしゃべったときにもっともよく味わえるものである。こちらから何か質問をする場合には、そのことを念頭に置きながらことばを選んでいくとよい。相手が話し好きであれば、問わず語りで答えてくれるので世話はないが、たいていの人はこちらがいざ話を聞く段になると、構えてしまってうまくリズムに乗ってこない。

そこで試みる方法は、それまでの相手のムードから推察して、興味をもっていそうな話題に切り替えていくことだ。「……と私は考えているのですが、Aさんはどう思われますか?」という具合に、問題意識をもって意見を聞きだすようにしていく。必ずこちらの見解を先に言うのが肝心なところで、相手が話しやすいようにイントロ(導入部)としての道をつけるのだ。

当然ながら、自説を開陳するにあたっては、新聞や雑誌の受け売りのようなことばは使うべきでない。どんな話題でも、いったん自分の頭のなかで消化してから、自分自身のことばに置き換えてしゃべるのが得策だ。

あとは、聞き手の適切な相槌《あいづち》と、目の輝いている表情があれば、相手はひととおり自分の意見や感想を話してくれる。

まずはよき聞き上手になって、しかるのちに、よき語り手になることが肝要だ。

黒子の精神に徹するおもしろさ

近頃は、地味な役割に回ることを嫌がる人が多くなってきた。何事もカッコよく目立つことを好むのか、いぶし銀のすばらしさがあまり理解されなくなってきたようだ。

ところが、「人づきあい＝他人とのかかわり」について真剣に考えている人は、地味な裏方の役割を喜んで引き受けている。そういう人は、目立つような華やかさこそないが、キラリとその持ち味を光らせて、地味ななかにも品格ある美しさを感じさせる。裏方としてきちんとふるまう姿勢を保てれば、他者から好感をもたれ、信用も厚くなる。また、多くの生きた情報までも、どんどんもち込まれてくるようになるに違いない。

タネまき人の底力でみごとに花を咲かせた人を他人は黙って放っておかない。必ず助っ人は現われる。みんなのために犠牲になっていると思ってしまっては救われない。むしろ、同じタネまきをするなら自分を楽しませながらするほうが、ゆとりが感じられて、いぶし銀の魅力がさらにみがかれていく。「裏方人生、また楽しからずや」である。

「江戸しぐさ」に学ぶあいさつの心

「江戸しぐさ」は、江戸時代の商人たちが身につけていた心得と知恵で、共によりよく生きるために庶民にも広まり、みなが実践したマナーである。いまの日本人が失いつつある、人づきあいには欠かせない大切な心得なので、ここで江戸庶民の美しい心を学んでみよう。

会釈のまなざし

会釈は、人と人がすれ違いに交わす思いやりのしぐさだ。知った者同士がすれ違うときは無論のこと、知らない者同士がすれ違うときも、江戸の人は思いやりの目つきで会釈をかわした。現代人も見習いたい。

うかつあやまり

たとえば江戸の人は、足を踏まれたとき、踏んだほうはもちろん謝り、踏まれたほうも「うかつでした」と謝った。足を踏まれそうな気配を察知して避けられなかった自分の「うかつ」も、江戸人は謝ったのだ。口論や喧嘩を避けるための、思いやりのある知恵だ。踏んだ、踏まないで口論することは、江戸の人が一番嫌ったヤボなことなのだ。現代人は電車の座席に座って足を前に平気で投げ出し、踏まれたら、大喧嘩になる。反省したい。

有り難うしぐさ

「ありがとう」は漢字で「有り難う」と書く「あまた有る店の中で、ようこそ私の店へご足労いただいた。お礼申し上げる」という意味だ。「よく有ることでない」という江戸商人の感謝の心が示されている、現代は「ありがとう」のひと言がいえない子供や若者が急増している。親がきちんと教えないからだ。

世辞がいえて一人前

「こんにちは」の後にあいさつことばがいえるかどうかは、江戸商人にとっては大事なことだ。「世辞」とは、おべんちゃらをいうことではなく、つきあい上の思いやりのみのことばなのだ。「こんにちは」といった後に、「きょうはあいにくと雨になりましたね」とつづけ、「お母さんの具合はいかがですか」と相手を思いやるのだ。

◎「粋な人とヤボな人の違い」を「江戸しぐさ」から見てみよう

私は、「粋」にあこがれてヤボに生きないことを、つねに提唱してきている。粋な生き方を知っていたのは江戸時代の日本人で、それが「江戸しぐさ」にあらわれている。江戸しぐさの伝承者・越川禮子さんの著書『野暮な人　イキな人』から、粋な人とヤボ天の違いを見てみよう。

粋な人
①人間は平等　弱い人をいたわる
②約束は必ず守る
③相手の時間を大切にする
④相手の雰囲気を読み取る六感を磨いている

ヤボな人
①大きく見せようと威張り散らす
②口約束はいつ破ってもいいと思う
③相手の状況を斟酌《しんしゃく》しない時泥棒
④「あなたの目は節穴だ」といわれる

粋＝生き　その６　遊び心　旅する心で自遊人生を

よく遊び、よく闘おう

人は遊ぶことによって人間的な魅力を加えていく。

だが、遊ぶには、マナーと人間相互のルールを守るという大人づきあいができる遊びのライセンスを取得せねばならない。

〝遊び感覚〟のない人間は、なにかのショックを受けた場合、それに耐えるクッションを持たない感じで折れてしまいそうだ。ちょうど振り子時計の振り子のように、たっぷりと仕事をやってのけたら、もう一方では思いっ切り遊んでみる、といった具合で、どちらか一方のバランスが崩れていたりしたら人生の針は動かない。

よく遊ぶ者は自分に対してよく闘う者であるといわれる。

〝遊び心〟の最たるもの――愚に徹して生き抜く

種田山頭火。今日の飽食の時代にはまったく似つかわしくないイメージをもつ、放浪の俳人山頭火の生きざまが、その作品とともにわたしたちの心を強く打つものがある。

山頭火は、病気で早大中退後家業を継いだが、失敗して出家した。以来一鉢一笠の托鉢僧となって、漂泊の旅をつづけながら句作に専念したといわれる。そのありさまは、網代笠に法衣をまとい、えごの杖をついていくようで、愚と闘い、愚に生きたその生涯であったと評されている。そんな山頭火のどこに、多くの人たちが惹かれていくのだろうか。一人ひとりの心にさまざまな思い入れがあることだろう。

なによりも山頭火は、一切のしがらみから脱出して自分の生き方を死ぬまで追求していた。その作品について論ずるつもりはないが、いわばからだをもって芭蕉以来の定型を打ち破った俳人とみられている。そこに、人間としてものすごい迫力を感じるのだ。しかも、大酒飲みであり他にいろんな欠陥をもつ一個の人間として、愚に徹して生き抜いていくなかで、みずからの表現様式を創りだしているところに、かれの人間くささも伝わってくるのである。

また家族とのしがらみを切り捨てて孤独の道を歩む山頭火のうしろ姿には、ひとり旅する男の純粋性がにじみでている。このような山頭火の生きざまは、自分もかくありたいとする憧憬の念を、わたしたちに生じさせていく引力をみる思いがする。おのれに足らざるもの——挑戦する心とか踏み出していく勇気がないことに気づかされるのだ。事実、私の場合、山頭火の作品の中で最も愛誦する句は、「分け入っても分け入っても青い山」である。

これは、煩悩の深みを表現する句であるのかもしれないが、私は、「道は限りなく遠くつづいているのだ。それなのに疲れたからといって口実を設けて、歩みを中断させてしまうザマであっては、せっかくの人生をみずから冒涜することになりはしないか」という受け止め方をしている。

自分が進むべき道を見出したら、茨に傷つき石につまずくことがあっても、自分を決して甘やかすことなく、迷わずに前進していくことである。座して待っていても山のほうから近づくことは絶対にないのだから、自分でふさわしい登山道を探し求めなければならない。

あとは、その道を一歩一歩踏みしめながら、黙々と登りつめていけばよい。実際、変わらぬ姿勢で歩みつづけていくそんな姿に、いつしか男らしさがにじみでてきて、人は惚れ込み、大いなる信頼を寄せていくものではなかろうか。

たしかに、未知は男の〝道〟に通じている。その道を、前人未踏の領域にまで拡げていけとはいわないまでも、少なくとも自分が今日まで未だ知らざるものに対しては、一歩踏み出してみるべきである。

実際、未知なるものに向かって、ぐいぐいと突き進んでいく男の生きざまはすばらしい。これぞ〝遊び心〟の最たるものであろう。ところが、すべてが成り行きまかせで現状維持型である人は、なにをするにも変化志向が希薄であるので、その人の影までうすくなりがちである。

いつもとは違った道を歩いてみよう

この道をぐいぐいと歩く

山頭火にみたように、自分を変えていこうとする意志がないために、刻一刻、惰性という見えざる甘えによって、世の中にはっきりと刻印をすべき自分の存在を、消していることに気づかないのである。大きなうねりで動く時代の波の間に、抜き手も切らずにそのまま漂いつづけているのでは、いつの間にか元の波打ち際に押し戻されて、めざす彼方の岸へはとても泳ぎつけない。そのうえ二度と再び、うねりに向かって泳ぎ出していく気力さえ失ってしまう。岸辺に座りこんでただ波の動きだけを目で追う、傍観者的人生を送るのと同じことになる。みずから選んだ道以外によい道はあろうはずがないのに……。

だとしたら、他人事の人生であるようなポーズをとらずに、自分の意志で選択した人生の道を、ぐんぐんと歩いていくことだ。運命の女神が微笑むのは、そんな人に対してだけである。

「おもしろ探し」をする
心のゆとり
「遊び心」で
身近かな人を包み込む

遊びくらいは頭を使おう

単純な仕事は機械が代行してくれる今日、せめて遊びぐらいは頭を使って創造的にやっていかないと、受け身の惰性に慣れきって、ぼけていくテンポも早まるし、何よりみずからなにかを仕掛ける活力を失っていく。したがって、いつまでも同じパターンの遊びをしていては、人間に進歩がないのは当然であって、いま少し遊びのしかたに変化と工夫があってよいように思う。

とくに近ごろは人間らしい生活を求める傾向が強まっているのだから、遊びの中にも知的満足感が味わえるように心がけたいものである。〝知的遊び〟とは、日常の生活行動の中に埋もれている、本来の自分という人間らしさを取り戻せる遊びだ。

まさに手づくり感覚を応用した遊びであって、身近に実践できる知的な遊びを3つ紹介しよう。

①逍遥楽人《しょうようがくじん》

ふだん乗り物で通り抜けている街中を自分の足で歩き、自分の目で確かめ、そこから新しい発見と素朴な感動を味わう。

野山より都会を気ままに逍遥してみると、実にさまざまな出来事にぶつかる。その一つひとつが世の中の動きをナマのまま示す現象であり、情報を増やすのに役立つ。

②だべりコンパ人

〝だべり〟を通して機知ある言葉や良識をお互いにわかち合い、生活感覚を磨いていく。

つまり人間がその人らしくサマになる仕掛けとして、出会いの場（コンパ）を演出してみるのだ。

そんな場所はパブのような洋風ナワノレンでも十分役に立つ。

肝心なのは、二人以上の仲間が集うときは、まず「だべろう」と声をかけ合って、それぞれの共通の体験と情報を交換してみる。そうすれば、だべりによる自己表現技術が磨かれて、さらに多くの知恵を掴《つか》むことは確かだ。

また、異分野の人たちとの組み合わせの妙に心を砕き、一緒に泊まり込んでだべるという仕掛けもできよう。

③グルメハンター

食べることへの関心を深めていくことは健康の証《あかし》であり、それだけ人生を豊かにしてくれる。

そこで、なにも有名店の料理にこだわりキザな食通ぶりを誇示するほど精進しなくても、安くうまいものを提供する良心的な店を探し歩くのは、実に楽しい知的道楽だ。

おいしい料理を賞味しながら楽しくコミュニケーションを図っていくことは、出会いの演出として最高である。

したがって、安心してくつろげるような自分の舞台を多くつくっておけば、その気くばりセンスが高く評価されて、情報収集のみならず、いろいろな付加価値を生むようになるだろう。

楽しさは
与えられるものではない
自分から探して
見出すもの

自分の身体と精神を遊ばせてやろう

舌を遊ばせるならば食べ歩き、目と足を遊ばせるなら街中のぶらぶら歩き、耳なら音楽会という具合に、五感を刺激するのも楽しいだろう。

それもなるべく日常から離れて、おのれの精神を遊ばせることである。実際、すぐれた経営者や名医が、多忙であればあるほど遊びに打ち込んでいるのは、緊張状態にある心と身体がゆったり解放されるからだ。遊びで息抜きをはかり、それが次のステップに仕事を進めていくためのエネルギーの補充になっているわけである。

ところで、遊びにもいろいろあるが、思いきって違う世界に棲《す》む人と「会」を通じて遊んでみたいものだ。

さらにもうひとつ、自遊人らしい知的な遊びとして、「旅する心」をもち続けることである。この心は仕事以外に自分を支えてくれるものであり、何よりまわりの事象に興味・好奇心が湧《わ》いてきて、退屈させない技術を身につけてくれる。

「旅する心」は、人が世渡りしていくうえで大切な心のあり方である。世渡りというのは、現在という瞬間が連続して累積される人生を、区切りをつけて渡っていく旅ではないかと思う。世渡り上手な人とは、一年のなかの一日一日、一日のなかの一瞬一瞬、この絶えず変化していく状況にうまく対応して旅をしていく人をいう。

「旅する心」には「観察する心」が含まれる。世の中の移り変わりをよく観察していれば、先見性がはかられて早め早めの対応ができる。その心はまた、人生の先輩たちが歩んだ旅路のなかに、現在に生きる知恵が潜んでいやしないか、そのタネを掘り出していく目でもある。

さらには新しいものを求める意欲も、「旅する心」のひとつである。旅する心をもつ人は、常におのれの人生に変化があるのを歓迎し、ひとつの狭い了見でくよくよせず、柔軟な考え方で前向きに取り組んでいく姿勢をもっている。

日々新たに旅立ちをしており、また日々新たな目的地を見いだしていくような、そんな毎日であるはずだ。

粋＝生き　その７　ロマン　美しきシニアのタイムリッチを

冒険心のようなロマン

現状に甘んじない冒険心や、野心に裏づけられた迫力があると、〝この人はいつか……〟と将来性ある人物のように人に思わせていきやすい。

ロマンを持ちつづけることは、莫大《ばくだい》なエネルギーとバイタリティーを必要とする。昔から男の魅力とされた「心やさしく力持ち」という名言は、いまもなお生きつづけているのだ。単なる現実主義者からは、夢もスケールの大きさも感じとれない。一度しかない人生なのだから、自分しかできないことを何かひとつぐらいこの世に生きた証しを残していこうと、ひたむきに燃えていく。

ロマンなき男性はパワー不足だ

先が見えない今日のような時代こそ、あえてあなた自身の将来についての夢を描いていくべきだ。夢を持つこと自体、自立への活動の源になるからだ。しかも見果てぬ夢があるということは、そこにロマンを感じる。男の魅力を語るときに絶対に欠くことのできない基本条件である。

現代はロマンのない時代といわれているが、ロマンなき男性はいつの時代でもパワーが不足気味である。女にとっての理想的な男性像は心やさしく力もちの男であり、その力の中身はエネルギーとバイタリティであって、ロマンを実現する原動力となっていることはたしかだ。

それはまず「自立したい」という夢であり、そうありたいとする意欲、欲求が強烈であることだ。いまのままではどうしようもない、なんとかしてもっと幸せな人生をという切実な気持ちを持つことが大切である。そこから本当に自分を変えていこうとする意欲が湧いてくる。この意欲が自己変革エネルギーの源になっていくのだ。

花びんの水

水がおのずと吸いあげられていくことによって
美しい花を咲かせる

相手が自然に受け入れてくれる愛、本当のサービス

美しき実年の「タイムリッチ」を味わう

作家の遠藤周作さんは、「生活と人生は別物」というのを持論にされていたそうだ。生活というのは文字どおり毎日の生活。それに対して人生とは、人を愛したり、美しいものを見聞きしたり、すばらしい経験をしたときの感動、その積み重ねをさす。そういう見方からすると、ビジネス社会をただひたすらに走り抜けてきた人にとっては、時間に追われてゆとりがなかったこれまでの日々は、どちらかというと生活を優先させたものだったかもしれない。

さまざまな社会のしがらみから解放され、家庭での重荷も子供たちの独立などにより軽くなる年代、そこで生まれてくるのが「自由時間」。この自由時間の使い方次第で、あなたが「美しき実年」という〝リッチ〟を味わえるかどうかが決まるのだ。

欧米人のいう〝リッチ〟とは単にカネ持ちをいうのではなく、そのカネを自分なりに自分のために使える状態をいう。したがって、読書する、絵を描く、ボランティア活動をする、旅をするなど、自分流に時間とカネを使える人が本当に〝リッチ〟な人で、逆にどれほどおカネがあっても、貧乏ヒマなしで走り回ってばかりいる人を〝リッチ〟とはいわない。

だからこそ、欧米人はしっかりヴァカンスをとって、まとまった期間を仕事から完全に切り離して、自分のための「時間持ち」をしている。

日本の現状がまだそこまで成熟していないので、手本も見つからない。どうしたらいいのかと迷ってばかりいると、人生がもう終わってしまって、高齢者へとまっしぐらに突き進んでいく自分しか感じられなくて、それでも何とかしなければと思うが、相談できる仲間もおらず、プライドだけはあるから、そうそう誰にでも相談できるものではない。そのうち妻の元気さに寄り添ってしまって、妻を親方日の丸にして安住してしまう。

手の届くところから自分のための時間持ちを心がけて、「タイムリッチ」を味わえる工夫をしてみよう。いろいろと選択肢が考えられるが、いちばん充実感を味わえるのが、人間関係のあり方を通して得られる「タイムリッチ」ではあるまいか。あなたと共通の香りを漂わせている人物や波長のあう人たちと、心豊かに過ごせる時間をつくりだすように心がけていけばよいのだ。

大きな幸福感を感じている人こそ成功者

ムダこそ人生に彩りをもたらす

万能の天才で、代表的なルネサンス人であるレオナルド・ダ・ヴィンチのことばに、次の一節がある。

「知恵というのは経験の娘である。その理論が、経験によって裏づけられない思想家の教えを避けよ」

たしかに、頭で考えた知識のみにとらわれていては、いつになっても知恵の泉を汲むことができない。私の体験からいえることだが、何かをする場合、考えてから行動するよりも行動しながら考えるほうが、よい知恵をつかめるようだ。まず一歩を踏み出してみる。そこで初めて、人間くさい香りを再発見する機会があり、活力が得られるのである。

たとえば、知人に誘われた会合に首を突っ込んでみる。今までやったことのないスポーツや趣味に手を出してみる。そうした体験を数多く積み上げていって、あなた自身の活性化をはかってほしい。言いかえれば、「ムダの効用」を身につけてほしいのである。

ムダのない人間ほど、味もそっけもなく、人間としての温かみに欠けるものはない。そんな人とのつきあいは、個性どころか心に残る余韻すら感じさせない。人間味がないというか、警戒心が強すぎるというか、すんなりと相手の心のなかに入っていけるようなスキがないので、とても窮屈である。

ムダなことをするのは、直接的な生活手段には関係がなくても、人間くさい香りを漂わせていくためには不可欠である。円滑な人間関係を築いていくには、知恵＝教養の深さがモノを言う。ムダの累積が教養として身につくのだから、ムダな時間を消費し、ムダな行為を実践することが、教養人としての評価を生む。その評価は、人づきあいを広げていくパスポートとしておおいに役に立つのである。

だから、一見ムダに思えるような場合でも、時間の許すかぎり何にでも貪欲に接触していただきたい。とりわけ人がよしと推奨するような情報であれば、素直に耳を傾け、時間と体力をうまく管理しながら経験してほしい。こうして一見ムダと思える経験を積み上げる体験学習の累積が、いつしか得がたい教養となって、あなたの人間くさい香りづくりに役立つようになるのである。

しかしながら、この体験学習には物理的な限界があるために、それを補う意味において、読書の仕方にもひと工夫してほしい。

「多読」をもって活力のバロメーターにする方が多いが、これからは、新聞・雑誌のコラム欄を人一倍注意して読むことをおすすめしたい。書評欄からは本を読むためのキーワードが探せるし、その他のコラム欄は生活文化の宝石箱みたいなもので、ひとひねりしたユニークな情報を得る何よりの情報源となるのだ。コラムからは、書き手の個性と教養と温もりが、簡潔な文章から伝わってくるし、他人の気づかないヒントが数多く得られて、あらゆる面で他との違いをつけていく差別化の時代にふさわしい知的武装ができる。

このようにして教養を深めながら、興味あるテーマがあれば広く同好の士を求めていき、交流の機会を多くするのも手である。これが、自分のライフワークを見いだすきっかけをつくり、生きがいを支えてくれるものに育つかもしれない。そういう同志は単なる遊び仲間と違い、互いに切磋琢磨《せっさたくま》して知的ゲームを楽しめるし、さらにレベルの高い人間関係を築きあげることもできるであろう。

人とのつきあいはすぐれて情緒的である

ロマンこそ次世代に残そう

「我々は他人の知識によってもの知りにはなれるにしても、知恵者にはみずからの知恵によってでなければなれない」（モンテーニュ）ということばは、おびただしい情報のなかにあって、自分がいかにあるべきかを教えてくれる。

もの知りであるより賢者であれと諭しているのだ。

生涯の間に、ひとりの人間がこの地球上で触れられるものは微小かつ微々たる部分にすぎない。しかも、みずからの経験のみで人生を充実させていくには、あまりに軟弱すぎる。だからといって、すぐさま孔子や孟子の道を行くわけにもいかないのだから、身近にいる先人の知恵に素直に学ぶのも得策である。

この点に大人らしい「会」の存在意義があり、会の醍醐味《だいごみ》とは知恵を引きだして賢者になる、そんな出会いを楽しめることである。よい先輩は彼の長い人生を、数々の体験をしながらみごとに生き抜いてきている。その過程においてつかみとった貴重な知恵を活かすことなく、そのまま墓場にもちこまれてしまうのはまことに惜しい。後輩として、先輩の獲得した知恵を引き出すことを考えるべきである。それが、先輩の到達したところよりも、もっと遠くまで行き着くための指針となる。

幸いなことに、人生をしっかりと生き抜いてきた先輩たちは、老年といわれる年齢に達すると今さら失うものはなく、ましてや何かを奪いとるわけでもなく、ただひたすらに与える喜びしか残していないものである。

その喜びを味わうためには、誰かが受け手になって、ともに喜びあえればこんな至福はあるまい。

こうして、後輩が受け手になったときに先輩への恩返しができるとすれば、数々の生きた体験と知恵とを、さらに心ある後輩に伝えていく配慮がほしい。

先輩にしてみれば、みずからの身体を張って学びとった処世のエキスを伝え残す継承者を与えられて、情熱を燃えたぎらせる。その炎をもって我々の行く手を照らしてくれるばかりか、意欲ある後輩たちを励ますように努めてくれるものである。

やがては我ら経年者も、後進の者たちに自信をもって話せる人間物語や哲学を求められるようになるだろう。また、求められる人間でありたいものである。

「知的パトロン」――与える喜びに徹する喜び

人を惹《ひ》きつける生き方をする行動の核となるものは、パトロン・マインドなのだ。パトロンとは経済上の後援者を指すが、ここでは〝人を育て上げていこうとする夢と情熱のある人物〟と受けとめたい。スポンサーというのは、見返りのない協力はしないし、必ず行為に相当する対価を求めるものだが、ひと味ちがうパトロンへの道を歩むには、ギブ＆テイクの考え方をバッサリ切り捨ててしまうほうがよい。

ちなみに、パトロンをスポンサーと対比させてみる。パトロンを象徴させることばは、無償、純粋、育成、手づくり、長期的となるが、スポンサーの場合は、対価交換方式、打算、使い捨て、インスタント、短期的といったようになる。

そこで思うに現代のパトロンとは、人を育てるために自分が無償でなにを与えられるか考えながら、持てる経済力と知恵と体力とを惜しみなく与える行為に徹していく「知的パトロン」である。この行為によって相手が成長すれば自分も育つ、という信念を持って行動すれば、付加価値の高い人生のだいご味を味わえるだろう。

目に見えない「何か」を大切にしよう

ぶらぶら歩きでカンを磨こう

好奇心の原動力となるのは、カンピュータ（カン働き）である。この好奇心とカン働きが両輪となって、人間のバランス感覚は育まれていく。

バランス感覚とは、どんな状況におかれても常に事態を客観的に判断できる柔軟性と、当面のニーズに対して即時に行動に移せるような迅速性を併せもっていることだ。この資質が、世のテンポが速い今日においては、対人関係のみならずいろいろな局面においてたいへん役に立つ。それは、現実感覚に裏づけられた「カン」となって働くからである。こういうことは頭のなかでいくら理解していてもダメで、日頃の皮膚体験からつかみとっていかないとしっかり身についてこない。

私の場合は、カンを磨く手段として「そぞろ歩き」をしている。自称「逍遥学派《しょうよう》」の人間ときめこんでいるのだ。頭の片隅に何か考えるべきことの芽が生えてきたら、それを外気に触れさせてみようということで、都会の街中を気ままに逍遥するようにしている。ともするとワンパターンになりがちな日常から抜け出して、いつもとは違う空間に移動し、いつもとは違った道を歩いてみたりする。

つまり、どこからか風が吹いてくるのを待つのではなく、みずから風を巻き起こすための逍遥なのだ。

古代ギリシャの先哲、アリストテレスの思想と行動にヒントを得て換骨奪胎《かんこつだったい》し、まったくの自己流に体験学習法を工夫してみた。回廊を歩きながら講義をしていたという、偉大なギリシャ人の発想を自己流に焼き直しただけなのであるが、このやりかたは、カン働きを磨くのに役立つばかりでなく、皮膚体験を増やす効用もある。自分の足でぶらぶら歩き、自分の目で確かめ、そこから新しい発見、素朴な感動を味わえる。都市の風俗、情報を文字どおり目で読み、肌で知ることができる。

そういえば、都市歩きの天才・永井荷風はこんなことをいっていた。

「足が達者であれば心に落ち着きをもてる。齢《とし》をとると、毎日それをためしながら歩く。そこで歩けるうちは、何かしら書けると思う」

まったく同様に、カン働きも足が達者であるかぎり、衰えることはない。

そっとしておくのがマナー

人の心の中は7つ以上のベールで覆《おお》い隠《かく》されているものと考えたほうが無難だ。そうすれば自分の聖域も守れて、しかも他人についてあれこれ干渉するようなこともなくなる。どうしてもベールを脱がざるをえないような場合には、接する相手の出方に応じて必要な部分のみにとどめておいたほうがよい。

人間関係は、ベールに覆われた神秘な部分をそれぞれに持ち合わせているほうが長続きするし、うまくいくものだ。

何かやってのける可能性を感じさせるような人となら、つきあいを深めていく楽しみが湧いてくる。つきあいが進むにつれ、みずからベールを脱いでくれたときに、この人にこんな面もあったのかと、すぐれた素質を発見する喜びもまた格別だ。

逆に、これまで有能な人物と信じてきた相手に思わぬ欠点を見いだしたときには、そのベールを剥《は》ぎとるようなことをせず、そのまま相手の聖域に閉じこめておいたほうがよい。少しぐらいの欠点があったところで、有能である事実とは関係ないからだ。

人の聖域には、立ち入らずにそっとしておくのがマナーである。それに、相手が自分とは違ったことをするからといって、その人を軽蔑したり憎しみを抱いたりすることは決して許されない。つまり、お互いの間に適当なスタンスを置きながらさらりとこなしていく、そんな浅い関係であるのが大人の洗練されたつきあいの知恵なのだ。

談

我々ふつうの凡人の場合は、物が豊かになって、心が貧しくなっている時代を、どう生きるか、です。知的なものに対して、ハングリー精神をかきたてることが大きな課題だろうと思うんです。

〝食〟への感性を人づきあいに生かそう

毎日の食事を大切にする人は、生きることをとても大切にする人である。人生を豊かに楽しく生きようとしている人でもある。この日の食事は生涯に一度しか経験できないロマンなのだ。人との出会いのしかたもまったく同じである。

意外な結びつきになるが、出会いを演出する心が、おいしい食事をつくって味わう心によく似ている。ともに白紙の状態からみごとな創造を生み出していくところが、非常に共通しているからだ。

おいしい料理づくりの条件は、第1に素材がよいこと（参加するメンバーの質がよい）、第2に素材に適した料理法を用いること（メンバー構成に合わせた話題の展開）、第3に料理のコツを生かす（ムードを盛り上げる〝味〟の演出）ということにあるといわれる。実際、料理の素材がほんとうによいものであるならば、何も手を加えずにそのまま賞味したとしても最高である。だが、よい素材（人物）との出会いは必ずしも多いとはいえないので、その場合は何かしら演出の工夫を要する。

料理でいえば、素材が古いとか傷《いた》んでいたり未熟であったりすると、本来の味をうまく引き出すために、煮物にしたほうがうまいのか、焼き物か、あるいは蒸してみるか、どうしたら素材のよさを味わうことができるのか考えてみるのだ。

口の重い人からは、その人について知る人物処方箋のなかから、この分野のことなら何かの意見があるはず、という話題のタネを引き出して口火をきる声をかけてみる。そうかと思うと、しゃべり好きで話し出したら止まらないご仁《じん》には、ブレーキをかけるべく適当な話の切れ目をつかんで、すかさず別の人に水を向けていって、話題の切り換えスイッチを発動することだ。

そこで思うのだが、料理づくりにおいて、買い物の段階から食卓においしい料理が並べられるまでの過程の同時並行の段どり、時間管理の手際のよさ、味加減のつけ方、料理をおいしくみせる演出の気くばり方を知れば、たとえ実際に手をかけてつくることはしなくても、相手の心づかいをはっきりと理解できるようになる。

この相手の心づかいを思いやる気持ちが、料理をいっそうおいしくする。心という調味料がグッと味をひきたてるのだ。〝食〟についてのあなたの感性を、人とのつきあいにもっと積極的に生かしてみたらどうだろう。

「江戸しぐさ」に学ぶ粋な人づきあい

前にもふれたが、江戸時代の庶民の粋な生き方、暮らし方の知恵は、現代人もおおいに学ばなければならない。このしぐさ、心得を身につければ、人間関係がスムースにいくことは間違いない。

ここでも、私がおすすめしたい江戸庶民の粋な心得を紹介したい。ぜひともおおいに真似してほしい。

傘かしげ

雨降りの日に、通りで人と人とがすれ違うときに、お互いが傘をぶつけないように、人がいない側に傘を傾ける。相手の体に雨のしずくがかからないように、傘がぶつかって相手の傘を破ってしまわないように、江戸っ子は気遣いをした。

現代人もおおいに真似したい思いやりと譲り合いの精神だ。

こぶし腰浮かせ

江戸時代は船が重要な交通手段だった。渡し場で船に乗船したとき、先に船に乗っていた乗客が、後からきた客のために、こぶし一つ分だけ腰を浮かせて席をつめることである。現代では、混んだ電車のなかで、ほんのわずかずつつめれば、もう一人座れるのに、誰ひとり動こうとはしない。若者がシルバーシートを占領して、お年寄りを立たせていても、なんとも思わない。江戸っ子は、こぶし腰浮かせを誰かに指示されてしたのではなく、からだに染みついて癖になっていたという。現代人がなげかわしい。

七三歩き

江戸の人々は、町の道路の七割が公道で、自分が歩くのは道の端の三割だと心得て、気づかいをしていた。狭い往来で荷車や急ぎの用がある人のじゃまをしてはいけないとの配慮からだ。いまは、歩道いっぱい占領してつれだって歩く若者や、スピードをあげて走る自転車で、歩道を歩くのさえ危険なありさま。江戸庶民の粋なはからいを学んでほしい。

談

江戸時代の庶民の知恵でしょうか、「隣の三尺忘れるな」といういい方をしてたんですね。うちの前を掃くときに、隣との境界線を、三尺だけ余分に掃くぶんには、隣の人も別にアレルギーをおこさないけど、これが六尺も余計に掃かれたんでは、なんで余計なことをしてくれるんだ、ってことになる。

こちらは親切心でしてあげたことが、へんなアレルギーをおこさせてしまう。

三尺ぐらいだったら、こんどは隣の人が、私もちょっと余分に……と。心もち三尺ですよね。それが、ひとつの常識的な、仲良く生活するための知恵だったんでしょうね。

そこへいくと現代人は、ギスギスし過ぎていますから、特に都会人は人間の感情のデリカシィを分からせるために、もっとあいまいないい方をしたほうがいいんでしょうかね。今でいう、〝ファジィ理論〟みたいに……。

粋＝生き　その８　孤立　この世で一番強い人間は　いつも一人で立っている人だ（イプセン）

いまは、自己犠牲をベースにしたムリな生き方をするよりも、自分のしあわせを求めて自己実現をはかる生き方が、自他共に納得できる人生とみられる時代だ。したがって、義理人情のしがらみにこだわることなく、さらりと生きる生活技術を身につけていくことが大切なのである。

孤立を考える

孤立に耐えるには自己との戦いが必要だ。あなたがもしも孤立してしまう状況に追い込まれたら、そのピンチを乗り切るだけの反発エネルギーを生み出せるだろうか。

病気・左遷・倒産・人間関係……といったさまざまなピンチには、いずれも長期間にわたって反発エネルギーを持続させていかないことには、負け犬人生を送ることになる。

だから、逆境というマイナス環境をプラスに転換させるために、その人なりの心の仕掛けが絶対必要なのだ。これはまさに、孤独な自分との戦いであるといえよう。

人は孤立して追いつめられると何をやってもどこへ行っても、不満と挫折感を抱きやすい。ますますハミ出てみじめな状態にみずから追いこむような悪循環を招く。そして心身ともに疲れ切ってしまい、反発するエネルギーもいつしか消えうせるときがくる。したがって、この悪循環を断ち切るためにも、5年後、10年後にはこうありたいとする前向きのビジョンを設定し、それに向かって自分との戦いをはじめなくてはならないのだ。

孤独を感じるようでは

他の人と同じように生きていくという、画一化されたものに安らぎを見い出す人は多い。だが、自立型人間をめざすからには、自分はこの世にひとりしかいないということを認識して、自分の信念に基づいて生きていくことを忘れてはならない。この世でただひとりのユニークな存在であり、孤独な存在であることの自覚が大切だ。

人それぞれに心の成長度はさまざまである。そのためある程度のところまでは人を理解することは可能であっても、結局は相手の表面の一部を知るぐらいのことでしかない。それなのに自分を相手に完全に理解させようと思って、空しい努力をする人がいる。そういう人は、カベにぶち当たると、だれも自分を理解してくれないと不満をいいながら、みずからの孤独感をさらに深めていってしまう。

「自分のことを他人は理解してはくれない。でもオレは負けないぞ」――そう思う人にだけ自立型人間への道が開けているのだ。このように孤独であるという現実が変えられない以上、自立型人間になるためには、その孤独感をうまく日常の生活行動にとり入れて、自分を鍛えていかなければならない。

自分を大切にできる人は
他人をも大切にできる人である

ひらき直りの〝3カキ〟ができるか

逆境の悪循環を断ち切るには、５年後、10年後にはこんなザマでありたいとする前向きのビジョンを設定し、それに向かっての自分の闘いをはじめなくてはならないのだ。こんなことをしたら世間から笑われてしまうといったような、虚栄心、自尊心みたいな雑念から解放されなければいけない。なんとしても生き抜いてみせるという、悲壮な決意を支えていくに必要な気持ちだけあればよいのである。そこまでおのれの気持ちをしぼりこむ生活技術として、私は〝３カキ〟で生きることを推奨している。

恥を掻き、義理を欠き、そして礼を欠きながら、当面の苦境を切り抜けていくことである。この生き方を実践するには、かなり徹底したひらき直りの精神をもつことが肝心である。しばらくの間、おのれの失敗のツケをみそぎで、祓い清める感じである。

しかも、３カキの技術は、単に失敗者ばかりでなく、自分を見事に変身させていきたい意欲のある人にとっても、たいへんに役立つものであるのだ。実際、恥とか見栄とか外聞など失ったところでどうということはないが、そんなものにとらわれて孤独感にさいなみ、肝心の人間性まで腐らせないように、あなたなりのひらき直り心気転換術をぜひ工夫しておくことをおすすめする。他のだれかに相談したからといっても、孤独感が癒されるものではない。つねに自分で課題を出していって、みずから解決していかざるを得ないのだ。そういう状態のなかで自分を生かしていくためには、淋しさに耐え抜く強靱な精神力と、孤独でるやり抜いていく強い信念が必要である。

ノルウェーの劇作家イプセンのことばに、「この世で最も強い人間は、いつもひとりで立っている人だ」というのがあるが、いかにも至言である。一見反社会的、利己的なポーズであるかにみえるが、この気概なくしては到底シンのある強い人間になり得ないのだ。孤独に耐える強さとは、だれに対しても自分の特殊事情を訴えたり、聞いてもらったりすることをせずに、自分の信条に基づいて生きていくことを意味するのである。

人生舞台の幕が開く

かつては箸着にも、自分の一挙一動を気にかけて、しゃべる言葉もいちいち意識していた時期があったものだ。

つまり、自分自身に意識を集中させていて、どこかかまえて人に接していたのである。

ところが、あるときひょんなきっかけから、人生は単なる舞台ではないかと思うようになった。自分自身はその舞台で何かの役割を演ずる役者になればいいわけである。

しかも舞台では、相手役の演技も同時に受けて立たねば成り立たない。そんなふうに思い及んでいくうちに、自分の目が外に向けられていくようになった。自分だけの狭い小さな枠から抜けだしていって、他人の存在を大きく意識し思いやるようになった。相手役のおかげで自分の演技が活かされている、というのがわかりかけてきたのである。主役の演技がワキ役の協力によって光るように、自分がそれなりにサマになっていくには、協力者が絶対に必要であることも知った。

こうして、他人の重要性を認めていく寛容さで、自分自身に向けて注意と関心の転換をはかったのである。この努力のせいか、内気でこちらから話しかけるのが苦手であったのに、落ち着きが出てきて、以前より楽に人と応対できるようになってきた。

すると今度は別な悩みに直面した。どうやって相手に自分を理解させていったらよいものか、そのシナリオがつくれないのである。舞台で演技者としてふるまうからには、入れ替わり相手役が変わっていくのに、その都度「やあこんにちは！」とテープレコーダーのように同じあいさつを繰り返すようでは、あまりに能がなさすぎる。あとのセリフを続けていく工夫をしなければ、舞台上で立ち往生して恥をかくばかりだと思った。

初めのうちは、何でも「オレが」ということばで口火を切る「おらが主義」で相手の迷惑をかまわずに始めてしまい、恥かきの連続であった。が、相手の反応が今ひとつで退屈そうな表情をするときもあるのに気づいて、こちらの関心事が必ずしも相手の興味を惹くものではないのがわかった。つまり、ワンパターンな演技しかできなかった大根役者同然だったのが、相手役の厳しい対応に反省を繰り返しながら、しだいに鍛えられてきたのである。ときには傷つきながらも、こうして皮膚感覚でつかんだ自己表現は、日常の生活行動におけるいろいろな局面で活かされるものだ。

今にして思えば、自分は内気ではにかみ屋なんだと自覚していたわけだが、実際は一種のエゴイストであったかもしれない。エゴイズムとは、自分の利益、成功、幸福のみを願ったり、めざしたりする立場のことをいうが、それでいくとエゴイストは、自分の利益には目を輝かせながら、社会や他人の利益をまったく考えようとしない人ということになる。

近頃の「熟年ひきこもり」は、まさにこのような引っこみ思案のタイプであるに違いない。引っこみ思案は、他人に対して積極的に自分を理解させていこうとする、そんな気持ちがない。いつも世界は自分を中心に動いていると考えているので、「自分のことをどう思っているか」と、人の思惑を気にするポーズをつくりがちである。うぬぼれと虚栄心とが、心の奥底で激しく渦まいている。そのため、自分の行動を多分に誇大に考えてしまうのか、すぐにカッコつけて人に接していくばかりだ。いつになっても引っこみ思案の人間関係は、行きずりのそれに終わってしまう場合が多いようである。

もっと気軽に、もっと肩の力を抜いて、自分だけの狭い殻のなかから外に向かっていけばいい。「もう少し、他人のことを考えて生きてみよう」と考え、あなたなりにそれを実践していけば、登場人物はおのずと増して、新たな人生舞台の幕が開かれる。

これからは一人ひとりの人間が主役となる時代だ。自分でシナリオを書き、自分で演出してみずから演じる自立人間への道を踏みだしたとき、あなたは自分自身をしなやかに生き抜くためのパスポートを手に入れたことになる。

談

30代、40代、50代であれば心身ともに男盛り、女盛りを誰もが思いますが、80代のそれはどういうことなのか改めて考えさせられました。

「人生かくあるべし」という生き方の枠を外して心のうずまくままに素直に、正直に動いて現在《いま》を楽しむことで、瑞々しい生き方ができるのではないかと思いました。（従来の通念「枯れて生きる」の正反対で）硬直化した人生感、処世感を解放し自由化していくことなのかもしれませんが…。

「どんとこい百歳」に誰もが手の届くような世の中になってきました。そうなると欲がでてきて、ただ加齢するのではなく人間としての魅力を保ちながら長生きしたいと思うようになる。生ある限り

「好かれる年寄り」でありつづけたいのです。そうあるために、最近「オ」の3原則というすばらしい生活技術を知りました。極めて単純明快にしてわかりやすい心の健康法です。それは「オシャレ」「オシャベリ」「オイロケ」という頭に「オ」がつく行為のことで、この3つを実践しようと思わなくなった途端に、4つ目の「オ」である「オシマイ」になり人生は終わりというわけです。3原則の中身については各自それぞれに自分流の工夫をつけて実践すればよいのですが、関西の友人から人間関係の3原則として①おもいやり②おかげさま③おもしろさを実践している旨つたえてきました。小生はとりわけ「おもしろさ」が大切だと思っています。人気があった中村勘三郎の生前のことばに「型が身についてるから型破りができる」というのがありましたが、殆どの方が〝生き方の型〟を体得されているのですから型破りのコツを掴むことができたらおもしろく瑞々しく生きる魅力が加わっていくように思います。

「終活」を通してとかく「ケチでうるさく、横着で、くどい」になりがちな老人特有のイメージから脱皮できるようにみなさんが、おもしろくて愛される年寄りをめざしていただきたいですね。

一番身近にありながら
一番わかりにくい存在
それが自分
自分を自由自在に
あやつることこそ
人生をエンジョイできる

一人の時間を楽しもう

人づきあいがうまく、誰からも好かれ、友達を大勢持っている人がいる。いつも人に囲まれていて、とても幸せに見える。自分にはできないことなので、うらやましいかぎりだが、さて、どんな人だろうか。

意外かもしれないが、こういう人は、孤独でいることを楽しみ、一人でいることが好きな人だ。

一人でも楽しく過ごせる人と、一人だと何もできない人の違いは何だろうか。

一人でも楽しめる人は、人に頼らずに生きていく自立の精神を持っている人だ。一方的に誰かに頼るのではなく、助け合いの関係を保てる人だ。

逆に、一人だと何もできない人は、依存心が強くて孤独に耐えられず、常に誰かと一緒にいなければ生きていけない。

一人の時間を楽しむ方法を知っていて、自立できる人こそが、世の中のさまざまな人ともいい関係が結べるのだ。

江戸時代は老人が大切にされた

尊敬され大切にされた老人に見る共通項

1．**人を笑わせる（ユーモア）**楽しくておもしろいイメージを与える

2．**人を褒める・おだてる（ヤル気）**ヤル気を引き出す奮発心を育むおだての美学に徹して実践する

3．**人を育てる（自立）**自立してシャンとするように心を砕く

4．**人に伝える（身につけた知恵を）**自分磨きで身につけた知恵を人生の後輩へ伝えることに情熱を燃やしていく

以上は今に生きるしぐさとして通用します

（ご参考）嫌われる老人特有の症状「ケチで煩《うるさ》く、横着で、くどい」

人生を支える「ことばの杖」は魔法の杖

私は30年来、自身のオフィスをサロン風にして、「ヒューマンハーバー（人間の港）」として開港している。日々さまざまな分野の人たちがハーバーに寄港したり、会が催されたりしているが、そのおかげで毎日楽しくイキイキした人生を送っている。

それは、ハーバーに寄港する人たちから、元気の出るテレパシーをたっぷりと浴びせられているからだと思っている。魅力的な人物からにじみでてくる波動という快いムードが、私によい刺激を与えてくれるので、おのずと精神が高揚してやる気が生じてくるのだ。

その一方で、人生のイヤな部分に対する「抗体センス」が身についていく。抗体というのは、病原菌などが体内に入ってくると、それに抵抗するためにつくりだされる物質（免疫）のことだが、ここでは人生をよりよく生き抜くための生活技術のひとつとして受けとめたい。老後の人生、家庭、仕事、遊び、カネ、人間関係など、それぞれに内蔵する毒素に対する抗体をもちあわせていないから、ちょっとしたことでもうつ症状になったり、マイナス思考に陥ってしまうケースが少なくない。

そんなジレンマから脱皮できるのが、仲間とのふれあいである。波長のあう人、自分にない持ち味をもつ人、何かの分野で成功している意欲人間。そういう人たちとふれあっていると、彼らがかもしだす独特の雰囲気に刺激を受けて、自分もがんばろうという気持ちが湧いてくるものである。みんな自分の生き方に強い自信をもっており、その自信がふれあう相手にプラスエネルギーを与えている。同時に彼らからは、いくつもの「ことばの杖」をもらうことになる。

「ことばの杖」とは、困難に出遭ってくじけそうなときに、自分をしっかり支えてくれることばのことだ。人の世の表裏を知りつくした人物からのことばの杖で、「目が開かれた」「自分の人生観が変わった」「最悪の状況を耐え忍ぶことができた」「このひと言を毎日の生きる支えにしている」というように、活字や映像からでは触れることのできない、人生の真髄を学ぶことができる。

長寿を楽しくすることばの杖

不良隠居、不良長寿　好奇心に挑戦する行動派熟年。「型破り」のイメージを楽しむ　好きなことは続ける

今日までのことは明日の準備　生きてる限り明日があるから前向きに杖ついて歩いていける

最後に残るものは人に与えたものしかない　親切な心づかい／優しいことば／温かな笑顔

燈々無尽　好きなこと得意なことを明かりに見立てて生ある限り灯しつづける

「心の花」を咲かせる　童心にかえって見つけたやりたいことを修行し工夫して自分のものにする
自遊人になる　自分自身のために時間をひねり出して遊べる心のゆとりをもつ。五感で遊ぶ人
旅する心を持つ　人生に決して退屈しないという心の仕掛けを持つバガボンド＝さすらい人
勇気を失えば全てを失う　やらないで後悔するよりはやってみたほうがいいと考えて実践する
「オ」の3原則　魅力維持―オシャレ・オシャベリ・オイロケ／人間関係―おもいやり・おかげさま・おもしろさ
死ぬまで生きる　人生の実り多い時期を「しん友」と共に生きる

どう生きようとしているのか

P・S・K
ピンとしてシャンとして、これからを楽しむ「ピン・シャン・コレカラ」

このまま生きてはもったいない
ヒト貧乏しない人生をめざしてしん友づくり「活力源」

ことばの杖をもって生き抜く

挫けそうになる自分を支える「ブレない生き方につながる」

役者人生を心がける

定年がない／年齢に応じた存在感ある演技

自分カンパニーの経営者

筋道つけて人生事業を営む

粋＝生き　その９　別れの美学　おわりにかえて

人生の達人
自分らしく
人生を全うする

出会いを完結する――別れの美学

〝ぜひまたお会いしましょう〟ということばを相手からいわせることができたら、あなたの出会いのしかたは申し分ないことである。相手の心を動かす何かがあればこそ再び会う気になったのであろう。そんな別れ方をするにはどうすればよいのか。

いい文章は必ず「起承転結」がハッキリしているように、いい出会いも一つひとつ完結させていく心づもりが必要だ。そこで、別れたあとに余韻が残るような出会いであるように、対話のしかたに工夫してみよう。それにはあなたから謙虚な人柄とか、なんとなくイキな印象を相手が感じとれるような会話を心がけることである。

まずは話がくどくなってはいけない。最初の説明は大づかみで要約をいえばよい。別れる際には満面に喜びを浮かべて「おかげで楽しい思いをさせていただきました。お忙しい中を時間をお割きいただきましてありがとうございました」と、明るい声でいう。その際、握手ができるようなら力強い握手でもってうれしい気持ちを伝えていく。こうして出会いと別れのケジメを、丁寧につけていくことで、あと味のよい別れができるのである。

「死ぬまで生きる」別れの美学

一人では生きられない、いい仲間と一緒に生きることで存在感を味わえる。

一生というライフサイクルを一年というライフサイクルに置き換えると、60歳という年齢は９月１日だ。９月、10月、11月は天高くして実りの秋。人生もまた然りで60代、70代、80代はシルバーではなく、ゴールデンエイジだ。文字通り金色に光り輝く年代である。

このすばらしい仲間と共に「人生神輿」を担いで、人生マラソンの最後のトラック４００メートルを悠々と走りながら、ガッツポーズでゴールインする。こうして人生別れの幕を下ろしたい。

これが自分だ
これ以上　なにもない

死ぬための生き方

過年ガンで亡くなったＮＨＫ解説委員米田奎二氏は、大学で私の一年先輩であった。身近に感じているせいか米田氏の鋭く明快で説得力ある解説が楽しく聞けて、かれの担当の日はつとめてテレビの前にいるように心がけた。

ガンに侵されたことがわかってから米田氏は著述しはじめて、『ニュースの読み方』（文藝春秋）という名著を完成させたのである。だが、初校のゲラに目を通してから数日後に亡くなったというから、立派に装幀された自著をみていない。さぞかし無念であり心残りであったことだろう。この書物のあとがきで、かれは次のように述べている。

「古代ローマの音学者セネカの書に『死んだように生きるよりは死んだほうがましだ』という意味のことばがある。私の今までの生き方を振りかえると、少なくともこれまでは、死んだようには生きなかったことを心密かに喜んでいる。問題は、体力と気力が急速に失われていくなかで、あと残り数か月をどうやって『死んだように』ではなく『生きて』『死を迎えられる』かである。それが、私にとって最も大事なことになってきたように思う」

大腸ガン切除後の肝転移というきびしい事態のなかで、ワープロに向かって叩き出した作品だが、とにもかくにも一冊の本を書き上げたことに、米田氏は一種の成就感をもったのであろう。

かつて同じ職場の先輩から、男子一生の仕事として「一戸を構え、一木を植し、一書をものにすること」の3つある、と聞いていたことから、米田氏は未だ実現していない一書を、いつの日かものにしたいと強く願っていたらしい。

ところが、死が身近なものであることがはっきりしたことから事情が変わって、病気との壮絶な闘いがはじまった。入退院をくり返しながらも、衰弱していく体力を振り絞りつつワープロを打ち続けた。そして、米田氏の仕事人生における卒業論文が、この一言だということである。つまり、米田流の生きた証し（モニュメント）を、見事につくりあげたわけである。

ここで思うことは、死を目前にして極限の状態に追い込まれて、なおかつ挑戦した米田氏の生きざまが立派であることだ。55歳という年齢では、いまの時代ではあまりに短い寿命である。が、米田氏の場合、自分しかできない記念碑を残されて、あの世に旅立っていった。

ふつう我々であっても、その気になれば何かひとつぐらいは、この世の中に自分にしかなし得ないものを、つくりあげていくことが可能であるはずだ。そのモニュメントが、仕事に関わりあること、趣味そのもの、あるいは人生そのものであるとしても、「よくぞそこまで成し遂げたことよ」と、自他ともに思わしめるものでよいのだ。

生きているかぎりそのことの実現に向けてひたむきに努力している姿が、人に感動を与えていくのである。

見方をかえていけば、人生と闘う兵士の見事な「戦死」であって、決して「野たれ死」ではないのだ。一度しかない人生を生き抜いていく以上は、かくありたいと思うのである。このような考え方をしていく根底には、「生涯現役」で生きようとする強烈な意志がある。

生きるための基本姿勢を学ぶ

米田氏においては、これからという時の壮烈な戦死であったが、89歳になっても英国人教師から英語のレッスンを受講しにゆく途上で、交通事故死された吉岡義二氏の場合もまた、栄誉ある戦死だったのではないかと思う。

吉岡氏を知る人たちの心のなかに、「あの人のように生きてみたい」という道しるべとなるようなあかりを灯してくれているからである。事実、吉岡氏の生きざまはまことに見事の一語に尽きるものであった。心の中には青年のごとき情熱を、生涯燃やしつづけておられた。

私が社会人になりたての頃に、吉岡氏との出会いがあった。以来心の師匠として尊敬し、折に触れては吉岡氏より温かい激励を受けてきた。

一流銀行の常務という激職のかたわら、H・G・ウェルズの『地球国家二一〇六年』という名著を訳しておられた。定年退職される際には「これで会社に尽してきた人生はひとまずピリオドを打った。これからは自分のために生きながら世の中のお役に立つつもりだよ」と、決意を述べておられたときのことは、30年経った今日でも忘れられない。

その後は自己宣言通りの生き方に徹して、一流のバンカーとしての豊富な経験と知恵とを活かされながら、次々と社会に益あることに挑戦しつづけておられた。

とくに、72歳にして（財）日本心臓財団を設立されてから、88歳で引退されるまでの東奔西走の活躍ぶりは、たいへんにめざましかった。

70歳を過ぎてから日米会話学院に通い、ロンドンでの世界心臓病会議で英語スピーチをやるかと思えば、81歳の高齢で青梅マラソンを見事に完走。そのあと胃を全部切除して奇跡的に生還されたときのことばは、「あとに残されたわずかの自分の見せ場を、いかに良い書物を読み、よい仕事をして人さまのお役に立つような人生を歩くかを、入院中に考えた」という。まさに生涯現役をめざす吉岡氏のすばらしい闘志と生きざまからは、生きるための基本姿勢を学びとることができる。

吉岡氏は、すぐれた実務家として職務を果たしながら、その一方で世の中のためになるなにかしらのモニュメントを残すべく、挑戦しつづけた生涯を送られた。それも、生ある限り第１、第２、第３……と多段式ロケットを噴射させているかのように、最後まで活力があった。

たしかに、年代や置かれた環境によって、目標地点はそれぞれに異なるが、死という最後目的に到達するまでの長い道のりを、自分自身になにかを課しながら、たゆまずにロケットを発進させていくことだ。さもないと、いざというときには発進させる点火装置が錆びついていて使いものにならないことを知るべきである。

時間というパラメーター（媒介変数）が、数学的な方程式がどうのこうのは別にして、少なくとも人間の生き方に関してはすべて、最終的にはバランスをとるように働くのではないだろうか。今は大いに負け越して、借り越していて、赤字かもしれないけれど、トータルの人生において、いわば、柩《ひつぎ》をおおう時点で、「自分の人生は黒字だった」と思えるワンポイントがあればいいわけだ。

最後にはバランスを取られるのだから、瞬間々々の決算に一喜一憂することはない。累積の決算がプラスになるような生き方を、信念をもってつらぬけばいい。

あの世でご褒美がもらえたらいいや、というくらいに長い目で見てると、ゆとりを持って行動できるし、人間関係も、いいおつきあいができるのではないだろうか。

あなたの人生ドラマ
息のあるかぎり
幕を下ろすことのない
壮大なドラマ
このとてつもない長丁場を
見事にやりぬこう

自分の好きなこと、得意なことをやってみて、一区切りついたらコンマ。メリハリがついていい。ずっとコンマを続けていく生き方をすれば、天の神様から「もういいのじゃない？　そろそろ天国へ来なさい」と声がかかるまで生きればいい。
そうすると、「死ぬまで生きる」というか、前向きな人生を生きていける。そういうふうに人生をもっていきたいと考える。

青木匡光

そのうち会おうや——

「そのうち」が
永遠に来ないことも
ある

【あんがいおまるさんのプロフィール】

本名・久保岡宣子。１９６８年に独立して設立した事務所を、75年にデザイン・出版・音楽・映像・イベント制作会社「ＪＤＣ」として法人化。95年には「あんがいおまる一座」を結成。98年に大阪文化振興に対する多大な貢献を表彰されて第一回「なにわ大賞」に輝く。

「書と絵」の世界でも一流と評価されて日本の各地にての受賞後、「ギャラリーと人脈サロン」を開設するなどの多彩な活動が注目を浴びる。

現在はすぐれた企画力と感性とを事業経営に取り入れながら、その生きざまは「大阪のジャンヌ・ダルク」との異名がつくほど多くの人に希望と勇気を与えている。おまる一座の舞台に観客と共有するメッセージ「優しさ」を盛り込んで、自分流に自然体で世の中に役に立つよう夢と志をもって活躍中である。

【著者紹介】

青木匡光（あおき・まさみつ）

ビジネス評論家。ヒューマンメディエーター（人間接着業）。小樽商科大学卒。三菱商事に10年間勤務したあと、広告会社に転職。1975年アソシエイツ・エイランを設立、異業種交流の場を提供。またサロン風のオフィスを「ヒューマンハーバー（人間の港）」として開放し、人間関係に悩む人たちに指針を与え、人生に意欲的な人同士を結びつけている。現在、異業種交流や人脈づくりのパイオニアとして講演、著作などで活躍中。
著書に『顔を広め味方をつくる法』（日本実業出版社）、『人づきあいが苦にならない法』（ＰＨＰ研究所）、『ＥＱ型人間が成功する』（産能大学出版部）、近著に『人づきあいの旅にでよう』（JDC）、『内気が苦にならなくなる本』（法研）、『人間接着力』（小社）などがある。

粋と美学とダンディズム
シニア世代におくる「麗しい」生き方

2024年5月31日発行　著　者　青木匡光
発行者　向田翔一

発行所　株式会社22世紀アート
〒103-0007
東京都中央区日本橋浜町3-23-1-5F
電話　03-5941-9774
Email: info@22art.net　ホームページ：www.22art.net

発売元　株式会社日興企画
〒104-0032
東京都中央区八丁堀4-11-10 第2SSビル 6F
電話　03-6262-8127
Email: support@nikko-kikaku.com
ホームページ：https://nikko-kikaku.com/

印刷
製本　株式会社PUBFUN

ISBN：978-4-88877-295-2